Table of contents

Dear students! Please, go to http://realrussianclub.com/cards to download
printable card templates for learning new words and phrases.

Russian Alphabet

Аа [a] - Аме́рика

Бб [b] - бана́н

Вв [v] - ва́за

Гг [g] - гара́ж

Дд [d] - до́ктор

Ее [je] - паке́т

Ёё [jo] - актёр

Жж [ʒ] - журна́л

Зз [z] - ро́за

Ии [i] - пир

Йй [j] - Нью-Йо́рк (**и кра́ткое**)

Кк [k] - ка́рта

Лл [l] - лимо́н

Мм [m] - ма́ма

Нн [n] - но́та

Оо [o] - О́сло

Пп [p] - парк

Рр [r] - Рок-н-Ролл

Сс [c] - стадио́н

Тт [t] - тома́т

Уу [u] - суп

Фф [f] - фо́то

Хх [h] - хомя́к

Цц [ts] - цент

Чч [ch] - чек

Шш [sh] - шеф

Щщ [shch] - борщ

ъ hard sound въезд (**твёрдый знак**)

ы [y] - ты

ь soft sound медь (**мягкий знак**)

Ээ [æ] - э́хо

Юю [ju] - тюльпа́н

Яя [ja] - я́блоко

Lesson 1. Grammar

Now let's dive in and have a look at Russian letters. I've divided them into several groups.

GROUP ONE

A [a], K [k], M [m], O [o], T [t] – these letters are easy to learn, because both writing and pronunciation reminds of the Latin alphabet.

Here are several words to practice your writing skills:

МА́МА [ma:ma] – mother
КОТ [kot] – cat
ТОК [tok] – electricity
ТАК [tak] – so
ТАМ [tam] – there.

GROUP TWO

В [v], Е [ye], Н [n], Р [r], С [s], У [oo], Х [kh] – these Russian letters look like Latin ones, but they sound differently, but we'll talk about it in the next lesson. Now your goal is to master Russian writing.

Words for practice:
ОН [on] – he
ОНА́ [ona] – she
СЕСТРА́ [sestra] – sister
НЕТ [nyet] – no
МЕТРО́ [metro] – subway
КА́ССА [ka:ssa] – cashbox
РЕСТОРА́Н [restora:n] – restauraunt.

GROUP THREE

Б [b], Г [g], Д [d], Ё [yo], З [z], И [ee], Й [short y], Л [l], П [p], Ф [f], Э [e], Ю [yu], Я [ya] – these Russian letters look unfamiliar, but you certainly know the sounds.

Words for practice:

ФУТБО́Л [futbol] – football, soccer
РОССИЯ [rossiya] – Russia
ЛО́НДОН [london] – London
ПАРК [park] – park
САМОЛЁТ [samolyot] – plane
АЛЕКСА́НДР [aleksandr] – Alexander
МЕНЮ [menyu] – menu
КАФЕ́ [kafe] – cafe
КО́ФЕ [kofye] – coffee

GROUP FOUR

Ж [zh], Ц [ts], Ч [ch], Ш [sh], Щ [sch], Ы [i], Ъ [hard sign], Ь [soft sign] – these letters are REALLY challenging!

Words for practice:

ШОТЛА́НДИЯ [shotlandiya] – Scotland
ХОРОШО́ [khorosho] – good
ДА́ЧА [dacha] – cottage house
ЧАЙ [chai] – tea
ЧЕЛОВЕ́К [chelovek] – human

Exercise 1.

Repeat the letters to remember how to write them:

А _____

Б _____

В _____

Г _____

Д _____

Е _____

Ё _____

Ж _____

З _____

И _____

Й _____

К _____

Л _____

М _____

Н _____

О _____

П _____

Р _____

 *xercise 1:*

С _____

Т _____

У _____

Ф _____

Х _____

Ц _____

Ч _____

Ш _____

Щ _____

ъ _____

ы _____

ь _____

Э _____

Ю _____

Я _____

Exercise 2. **Complete the words:** банан, нота, лимон, томат, кот, телефон, вино, театр, фото, гитара, кофе, роза.

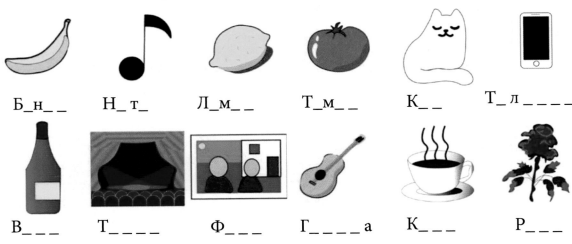

Б_н _ _   Н_т_   Л_м_ _   Т_м_ _   К_ _   Т_л _ _ _ _

В_ _ _   Т_ _ _ _   Ф_ _ _   Г_ _ _ _а   К_ _ _   Р_ _ _

Exercise 3.

Write the positive sentence as in the example below:

1. Это кока-кола?
Да, это кока-кола.

4. Это меню?
_____.

2. Это кот?
_____.

5. Это окно?
_____.

3. Это гамбургер?
_____.

6. Это сестра?
_____.

Exercise 4.

Please, answer the question

 1. Это банан?
Нет, это томат.

 3. Это кот?

 5. Это банан?

 2. Это лимон?

 4. Это метро?

 6. Это вино?

Exercise 5:

Write down 10 names (or more) of the people you know in Russian:

1. _____
_____.

2. _____
_____.

3. _____
_____.

4. _____
_____.

5. _____
_____.

6. _____
_____.

7. _____
_____.

8. _____
_____.

9. _____
_____.

10. _____
_____.

Lesson 2. Rules of Russian Pronunciation

How to sound like a native Russian speaker? How to improve your Russian pronunciation?

Master the individual sounds first. Let's get back to our groups from Lesson 1.

Russian sounds – GROUP ONE:

A sounds as [a] in "father"
K sounds as [k] in "kangaroo" or "cat"
M sounds as [m] in "mother" or "molt"
O sounds as [o] in "boring"
T sounds as [t] in "tome" or "Tom".

The articulation is a little bit different. With the Russian T, you move your tongue forward, until it touches your front teeth. This sound is harder than English T.

Try to read these words out loud:

MÁMA [ma:ma] – mother
KOT [kot] – cat
TOK [tok] – electricity
TAK [tak] – so
TAM [tam] – there.

Russian sounds – GROUP TWO:

B sounds as [v] in "van"
E sounds as [ye] in "yes"
H sounds as [n] in "no". Here you use the same trick – start with "English" N and move your tongue to your front teeth. That's Russian N:)
P [r] – in Russian we roll our Rs. Here is my lesson about how to roll R. And here is my premium course "How to roll R's"
C sounds as [s] in "so", "sad"
У sounds as [oo] in "book" or "loop"
X [kh] – the articulation of this Russian sound is rather tricky. You start with English K and then put your tongue a little lower. Watch the video:)

Try to read these words out loud:

OH [on] – he
OHÁ [ona] – she
CECTPÁ [sestra] – sister
HET [nyet] – no
METPÓ [metro] – subway
KÁCCA [ka:ssa] – cashbox
PECTOPÁH [restora:n] – restaurant.

Russian sounds – GROUP THREE:

Б sounds as [b] in "boring" or "back"
Г sounds as [g] in "game" or "goal"
Д sounds as [d] in "dork", "dome"
Ё sounds as [yo] in "yoga" or "yogurt"
З sounds as [z] in "zoo"
И sounds as [ee] in "creep" or "eel"
Й sounds as [short y] in "boy"
Л sounds as [l] in "large". Watch my tutorial on how to pronounce Russian

L.

П sounds as [p] in "park" or "pork"
Ф sounds as [f] in "fork" or "flee"
Э sounds as [e] in "let"
Ю sounds as [yu] in "universe" or "you"
Я sounds as [ya] in "yacht"

Try to read these words out loud:

ФУТБО́Л [futbol] – football, soccer

РОССИ́Я [rossiya] – Russia
ЛО́НДОН [london] – London
ПАРК [park] – park
САМОЛЁТ [samolyot] – plane
АЛЕКСА́НДР [aleksandr] – Alexander

МЕНЮ́ [menyu] – menu
КАФЕ́ [kafe] – cafe
КО́ФЕ [kofye] – coffee

Russian sounds – GROUP FOUR:

Ж sounds as [zh] in "pleasure" or "sure"
Ц sounds as [ts] in "its"
Ч sounds as [ch] in "church" or "charm". Here is my tutorial on how to pronounce Russian Ч
Ш sounds as [sh] in "shut". Here is my tutorial on how to pronounce Russian Ш
Щ sounds as [sch] in "sheep". Here is my tutorial on how to pronounce Russian Щ
Ы sounds almost as [i] in "bit". Here is my tutorial on how to pronounce Russian Ы
Ь [soft sign] isn't pronounced at all. It's used to show that the consonant that precedes it must be softened. Look at this example in English: in the words "bark" and "beer" the sound B is different, right? It's softer when followed by E. Same in Russian:)

And one of the ways of showing it is the soft sign. For example, ходить [khodeet'] – to go. T in the ending is soft.

Ъ [hard sign] makes the previous consonant hard. For example, съесть [s-yest'] – to eat (the first C here is hard, the last T is soft).

Try to read these words out loud:

ШОТЛА́НДИЯ [shotlandiya] – Scotland
ХОРОШО́ [khorosho] – good
ДА́ЧА [dacha] – cottage house
ЧАЙ [chai] – tea
ЧЕЛОВЕ́К [chelovek] – human

RUSSIAN PRONUNCIATION RULES:

1. Be sure to read all the letters, that is don't "swallow" them as people do in English. In most cases, Russian words are pronounced the way they are spelled (we'll talk about vowel reduction in the next lesson).

2. I'm so sorry, but there're no rules to help you stress a word correctly. That is why it is so important to devote special attention to the place of stress in words when you're looking them up in a dictionary. Good news is – NOBODY CARES if you make a mistake. So relax and enjoy learning Russian.

RUSSIAN PERSONAL PRONOUNS AND THE VERB "TO BE"

Я [ya] – I
ТЫ [ty] – you; ВЫ [vy] – a respectful way of saying "you".

ОН [on] – he
ОНА́ [ona] – she
ОНО́ [ono] – it

Remember that in Russian, we don't need the verb "TO BE". We don't say "he IS a doctor". We say simply "he doctor". Look at the examples below:

Я УЧИ́ТЕЛЬ – I am a teacher
ОН ДО́КТОР – He is a doctor
ОНА́ АКТРИ́СА – She is an actress
ОНО́ ЗДЕСЬ – It is here

xercise 1.

Complete the words and read them out loud:

1. Ди_айнер;
2. Журн_лист;
3. Ак_риса;
4. Пило_;
5. Футб_лист;

6. Музык_нт;
7. До_тор;
8. Ка_итан;
9. Ст_дент;
10. Фот_граф;

11. Тур_ст;
12. По_т;
13. Мо_ель

xercise 2.

Write the positive sentences as in the model below.

1. Вы Эмма? Да, я Эмма.

2. Вы актриса? _____.

3. Это Иван? _____.

4. Он футболист? _____.

5. Она доктор? _____.

6. Он модель? _____.

Exercise 3.

Write your own sentences as in the model using these words: директор, инженер, финансист, поэт, актриса, доктор, юрист, студент, турист, пилот, артист, водитель, банкир, учитель, таксист, архитектор, администратор.

1. Это Виктор. Он артист.

2. _____.

3. _____.

4. _____.

5. _____.

6. _____.

7. _____.

8. _____.

9. _____.

10. _____.

11. _____.

12. _____.

13. _____.

14. _____.

15. _____.

16. _____.

17. _____.

18. _____.

Exercise 4.

Write sentences about the people on the pictures below as in the model:

1. Татьяна, учительница.   2. Виктор, повар.   3. Анна, полицейский.

1. Это женщина.
2. Это Татьяна.
3. Она учительница.

1. _____.
2. _____.
3. _____.

1. _____.
2. _____.
3. _____.

4. Артур, артист.   4. Борис, строитель.   4. Ирина, директор.

1. _____.
2. _____.
3. _____.

1. _____.
2. _____.
3. _____.

1. _____.
2. _____.
3. _____.

Exercise 5.

Write about your relatives and friends. What is their profession?

1. Это Дарья. Она учительница.

2. _____ .

3. _____ .

4. _____ .

5. _____ .

6. _____ .

7. _____ .

8. _____ .

9. _____ .

10. _____ .

11. _____ .

Lesson 3. More Rules of Russian Pronunciation

Russian pronunciation can become a nightmare for people who approach it too seriously. Before we even start, I want you to understand that everything we're going to talk about today is not CRUCIAL. Even if you ignore the following pronunciation rules completely, it won't cause any misunderstanding. Yes, you would sound like a foreigner, but Russian native speakers will still understand you. So, pleeeeease, don't worry if you can't do something or if it seems overwhelming, ok? Much more important is to stay motivated and become confident in Russian.

But if you're ready to become a pro and to nail down Russian pronunciation, let's begin!

RULE #1. HARDNESS AND SOFTNESS OF CONSONANTS

Russian hard consonants are pronounced just like most "normal" English sounds. You already know them from the previous lessons (Б, В, Г, Д, Ж, З, К, Л, М, Н, П, Р, С, Т… and others). In Russian, these consonants have "soft" equivalents.

Nothing special about it. Let's take some examples from English: "booty" and "beautiful".

WHEN CONSONANTS BECOME SOFT:

1. When followed by the soft sign – Ь. It can appear at the end of the word (БЫТЬ, МАТЬ, РАНЬ, ЛАНЬ, ТОПЬ) and in the middle of the word (ПИСЬМО, ЛИСТЬЯ).

2. When followed by the "softening" vowels: Я, Е, Ё, Ю, И.
For example, "МАТЬ" and "МЯТЬ" sound differently. Just as "БЫТЬ" and "БИТЬ".

3. And of course our beloved exceptions! Ж, Ц, Ш are always hard; Щ, Ч are always soft!

HOW TO PRONOUNCE SOFT CONSONANTS

To understand the articulation of Russian soft consonants, you should start with the sound И [ee]. What happens: your tongue kind of arches its "back". Try to say long ИИИИИ and analyze the articulation. This is exactly where your tongue should be when you pronounce the "normal" consonants. Watch the video to understand what I mean.

RULE #2. VOWEL REDUCTION

Last week we talked about stressed vowels in the Russian language. But you've probably noticed that unstressed vowels sound much less distinct. So, what happens exactly?

– O in the unstressed syllable turns to the sound [ə]. It's something between A and O.
Examples: OKHÓ (window), MOCKBÁ (Moscow), KÓCMOC (space), MOЛOKÓ (milk), ПРOФÉCCOP (professor), ЛÓHДOH (London).
– E in the unstressed syllable turns to the sound [ih].
Examples: CECTPÁ (sister), PEKÁ (river), MEЧTÁ (dream).
– Я in the unstressed syllable turns to the sound [ih], too.
Examples: ЯЙЦÓ (egg), ДÉCЯTЬ (ten).

RULE #3. VOICED AND UNVOICED CONSONANTS

What does the word "voiced" even mean? It's simply the consonants that you pronounce with the help of your voice, that is, the vibration of the vocal cords.

Compare these sounds (and pay attention to articulation). The ones on the left are voiced, and the ones on the right are unvoiced.

Б – П
В – Ф
Г – К
Д – Т
Ж – Ш
З – С

Now comes another Russian pronunciation rule: sometimes voiced consonants turn to their unvoiced versions. When?

– When it's located at the end of the word. For example, ГÁMБУPГ (we say ГÁMБУPK) or MEДBÉДEB (we say MEДBÉДEФ).
– When in the middle of the word it's followed by another unvoiced consonant. For example, BTÓPHИK (we say ФTOPHИK), BOДKA (we say BOTKA).

And it works the other way around! If the unvoiced consonant is followed by the voiced one, it turns to its voiced equivalent. For example, BOKЗÁЛ we say as BAГЗÁЛ.

AGAIN! If it seems too difficult, just relax and put pronunciation rules away for some time. You can always come back later and review. Nothing terrible will happen if you read Russian the way it's spelled.

Read these pairs out loud:
БА–БЯ, БО–БЁ, БУ–БЮ, БЭ–БЕ, БЫ–БИ;
ВА–ВЯ, ВО–ВЁ, ВУ–ВЮ, ВЭ–ВЕ, ВЫ–ВИ;
ГА–ГЯ, ГО–ГЁ, ГУ–ГЮ, ГЭ–ГЕ, ГЫ–ГИ;
ДА–ДЯ, ДО–ДЁ, ДУ–ДЮ, ДЭ–ДЕ, ДЫ–ДИ;
ЗА–ЗЯ, ЗО–ЗЁ, ЗУ–ЗЮ, ЗЭ–ЗЕ, ЗЫ–ЗИ;
КА–КЯ, КО–КЁ, КУ–КЮ, КЭ–КЕ, КЫ–КИ;
ЛА–ЛЯ, ЛО–ЛЁ, ЛУ–ЛЮ, ЛЭ–ЛЕ, ЛЫ–ЛИ;
МА–МЯ, МО–МЁ, МУ–МЮ, МЭ–МЕ, МЫ–МИ;
НА–НЯ, НО–НЁ, НУ–НЮ, НЭ–НЕ, НЫ–НИ;
ПА–ПЯ, ПО–ПЁ, ПУ–ПЮ, ПЭ–ПЕ, ПЫ–ПИ;
РА–РЯ, РО–РЁ, РУ–РЮ, РЭ–РЕ, РЫ–РИ;
СА–СЯ, СО–СЁ, СУ–СЮ, СЭ–СЕ, СЫ–СИ;
ТА–ТЯ, ТО–ТЁ, ТУ–ТЮ, ТЭ–ТЕ, ТЫ–ТИ;
ФА–ФЯ, ФО–ФЁ, ФУ–ФЮ, ФЭ–ФЕ, ФЫ–ФИ;
ХА–ХЯ, ХО–ХЁ, ХУ–ХЮ, ХЭ–ХЕ, ХЫ–ХИ.

Read these words out loud:

МА́СЛО (butter) – МЯ́СО (meat), РУ́КИ (hands) – БРЮ́КИ (pants), МЫ́ЛО (soap) – МИ́ЛО (nice), БЫТЬ (to be) – БИТЬ (to bet), МАТЬ (mother) – МЯТЬ (to crumple), ЛУК (onion) – ЛЮК (manhole), У́ГОЛ (corner) – У́ГОЛЬ (coal). ЖИТЬ (to live), ЦИРК (circus), ЦИ́ФРА (figure, number), ЧАЙ (tea), ЧА́ЙКА (seagull), ЩИ (cabbage soup), ЩЕКА́ (cheek).

Exercise 3.

Read the following words out loud:

ГО́РОД (city), БАГА́Ж (luggage), ЗУБ (tooth), АВТО́БУС (bus), ЛО́ЖКА (spoon), МАДРИ́Д (Madrid), НОЖ (knife), ФУТБО́Л (soccer), СКА́ЗКА (fairytale), ГА РА́Ж (garage), МА́РКЕТИНГ (marketing), ГОД (year), ПЛЯЖ (beach).

xercise 4.

Make a dialog as in the model using the following words:

ЗДРА́ВСТВУЙТЕ– Hello
ПРИВЕ́Т– hi
Д́ОБРОЕ У́ТРО – good morning
Д́ОБРЫЙ ДЕНЬ – good afternoon
Д́ОБРЫЙ ВЕ́ЧЕР – good evening
СПОЌОЙНОЙ Н́ОЧИ – good night (before going to sleep).
КАК ДЕЛА́? – How are you?
ХОРОШ́О – good
ПЛ́ОХО – bad
НОРМА́ЛЬНО – not bad; ok.
ДО СВИДА́НИЯ – goodbye
ПОКА́ – bye

1. Model:
- Здравствуйте, вы кто?
- Я Марк, студент.
- Как дела, Марк?
- Хорошо, спасибо. До свидания.
- Пока!

2. _____
_____
_____
_____

3. _____
_____
_____
_____

5. _____
_____
_____
_____

4. _____
_____
_____
_____

6. _____
_____
_____
_____

ℒesson 4. Russian nouns

A noun names a person, animal, phenomenon, thing, substance, etc.

All Russian nouns belong to one of the three genders: masculine, feminine, neuter. Why is it important? When later we start using adjectives and verbs, it is the gender that affects the endings.

In Russian, it's fairly easy to understand what category the word belongs to.

First, look at the «natural» gender (I mean the sex of the being). If you understand that it's a male, the noun is masculine. (МУЖЧИНА – man, ПАПА – dad, ДРУГ – male friend, ДЯДЯ – uncle, ДЕДУШКА – Grandpa). If it's clearly a female, the noun is feminine (ЖЕНЩИНА – woman, МАМА – mom, МАТЬ – mother).

Second, look at the ending.

MASCULINE NOUNS end with a consonant or Й.
ЗАВО́Д – factory
МУЗЕ́Й – museum
ТЕЛЕФО́Н – phone
МИКРОФО́Н – microphone
ТЕЛЕВИ́ЗОР – TV-set
ХОЛОДИ́ЛЬНИК – fridge
О́ФИС – office
СТОЛ – table
СТУЛ – chair
ДОМ – house
РЕСТОРА́Н – restaurant
ЧАЙ – tea
БОРЩ – borscht
ВЕ́ЧЕР – evening
КАРАНДА́Ш – pencil
ШОКОЛА́Д – chocolate
КЛАСС – class.

FEMININE NOUNS end with -A and -Я.
СЕМЬЯ́ – family
МАШИ́НА – car
ЗИМА́ – winter
САЛФЕ́ТКА – napkin
ЛА́МПА – lamp
ЕДА́ – food
ПИ́ЦЦА – pizza
РОССИ́Я – Russia
ПРЕЗЕНТА́ЦИЯ – presentation
КОРЗИ́НА – basket
СИТУА́ЦИЯ – situation
СМЕТА́НА – sour cream
МОСКВА́ – Moscow
ГАЗЕ́ТА – newspaper
РУ́ЧКА – pen
КО́МНАТА – room.

NEUTER NOUNS end with -O and -E.
ЗДА́НИЕ – building
ВИНО́ – wine
ПИ́ВО – beer
МО́РЕ – sea
ОКНО́ – window
УПРАЖНЕ́НИЕ – exercise

СО́ЛНЦЕ – sun
НАСТРОЕ́НИЕ – mood
МÉСТО – place
ДÉРЕВО – tree
ЗО́ЛОТО – gold
СЕРЕБРО́ – silver
СÉРДЦЕ – heart
У́ТРО – morning
ЛИЦО́ – face.
Also remember that words ВРÉМЯ (time) and И́МЯ (name) are neuter, too.

INDECLINABLE NOUNS OF FOREIGN ORIGIN (ending with -АО, -АУ, -И, -У, -Ю, -Э)
Most of these words are neuter!
КАКА́О – cocoa
ЖЮРИ́ – jury
ЖЕЛÉ – jelly
КУПÉ – compartment
МЕНЮ́ – menu
РЕЗЮМÉ – resume, CV
РА́ЛЛИ – rally
ТАКСИ́ – taxi
КАРАТЭ́ – karate
ЛО́ББИ – lobby
ШО́У – show
РАГУ́ – stew
АМПЛУА́ – role.

WHAT IF THE SOFT SIGN IS IN THE ENDING
It's quite tricky when you see a soft sign in the ending. I'd say that in 3/4 of cases the noun would be feminine, the rest are masculine. Some guidelines for you below.

FEMININE:
– «natural» gender again: МАТЬ (mother), ДОЧЬ (daughter), СВЕКРО́ВЬ (mother-in-law)
– all nouns in -ЖЬ, -ЧЬ, -ШЬ, -ЩЬ, -ЗНЬ, -МЬ, -ПЬ, -ФЬ
– all nouns in -СТЬ, except for ГОСТЬ (guest) and ТЕСТЬ (father-in-law)
– most nouns in -БЬ, -ВЬ, -ДЬ, -ЗЬ, СЬ, -РЬ, -ТЬ (except for ДОЖДЬ – rain, КНЯЗЬ – prince, НО́ГОТЬ – nail, МЕДВÉДЬ – bear and others).

MASCULINE:
– all the months: ЯНВА́РЬ, ФЕВРА́ЛЬ, МАРТ, АПРÉЛЬ, МАЙ, ИЮНЬ, ИЮЛЬ, А́ВГУСТ, СЕНТЯ́БРЬ, ОКТЯ́БРЬ, НОЯ́БРЬ, ДЕКА́БРЬ).
– «natural» masculines: ЦАРЬ – tsar, КОРО́ЛЬ – king, ЗЯТЬ – son-in-law, ПА́РЕНЬ – lad.
– most nouns in -ТЕЛЬ (УЧИ́ТЕЛЬ – teacher, СТРОИ́ТЕЛЬ – builder, КРАСИ́ТЕЛЬ – dye)
– most nouns in -АРЬ: ПÉКАРЬ (baker), ВРАТА́РЬ, ДИКА́РЬ.

If it seems too difficult and confusing, don't worry! Don't think about it too much. A little practice and you'll start feeling the right gender naturally.

Exercise 1.

Write sentences as in the model:

1. — Инна — актриса или дизайнер?
— Инна — дизайнер.

2. — Том — фотограф или модель?
—_____.

3. Ольга — секретарь или директор?
—_____.

4. Стив — музыкант или пилот?
—_____.

5. Алекс— доктор или солдат?
— _____.

6. Татьяна — таксист или официант?
_____.

Exercise 2.

Write sentences as in the model (**use the dictionary if neccessary**):

1. Это корабль **или** самолет?
Это корабль.

1. Это мяч или фрукт?
_____
_____,

3. Это кот **или** кит?
_____
_____,

4. Это кепка **или** майка?
_____
_____,

5. Это мороженное **или** овощ?
_____
_____,

6. Это рыба **или** море?
_____
_____,

xercise 3.

Arrange these words in 3 groups depending on gender (no need to know the meaning, just look at the endings): Рыба, пиво, мышь, кепка, год, водка, журнал, фото, урок, окно, бумага, телефон, туча, метро, мяч, корабль, компьютер, карандаш, ручка, кровать, одеяло, улица, город, страна, папа, бабушка, внучка, дочь, сын, брат, сестра, дедушка, мама.

ОН	ОНА	ОНО

xercise 4.

Write as many Russian nouns of each gender as you can recall:

ОН	ОНА	ОНО

Lesson 5. Russian verbs

What is the infinitive? It is the form of the verb that is usually shown in dictionaries; it does not change.

In Russian, verbs can end with -ТЬ, -ТИ, -ЧЬ. Today we only speak about "ТЬ-verbs", ok?
Examples: to read – ЧИТА́ТЬ; to write – ПИСА́ТЬ.

RUSSIAN VERB CONJUGATION

Russian verbs change their endings depending on the situation. Today let's learn how to conjugate some verbs in present tense.

Do you remember our personal pronouns? Look how the ending -ТЬ changes with each one of them:
Я – чита́Ю
ТЫ – чита́ЕШЬ
ОН – чита́ЕТ
ОНА – чита́ЕТ
ОНО – чита́ЕТ
ОНИ – чита́ЮТ
МЫ –чита́ЕМ
ВЫ –чита́ЕТЕ

Watch the video and practice with verbs РАБОТАТЬ (to work), ИГРАТЬ (to play), ДЕЛАТЬ (to do), ЗНАТЬ (to know), БОЛЕТЬ (to be sick/ill), ГУЛЯТЬ (to go for a walk).

Read more theory here — http://www.russianforeveryone.com/

Exercise 1.

Fill in the table:

Слушать	Я _____ Мы _____ Ты_____ Вы _____ Он/она/оно _____ Они_____
Говорить	Я _____ Мы _____ Ты_____ Вы _____ Он/она/оно _____ Они_____
Смотреть	Я _____ Мы _____ Ты_____ Вы _____ Он/она/оно _____ Они_____
Знать	Я _____ Мы _____ Ты_____ Вы _____ Он/она/оно _____ Они_____
Любить	Я _____ Мы _____ Ты_____ Вы _____ Он/она/оно _____ Они_____

Exercise 2.

Match the words:

Я	Видим	Я	Делают
Ты	Видят	Ты	Делает
Он/она	Видишь	Он/она	Делаем
Мы	Видите	Мы	Делаете
Вы	Вижу	Вы	Делаешь
Они	Видит	Они	Делаю

Я	Поёте	Я	Едим
Ты	Поёшь	Ты	Ем
Он/она	Пою	Он/она	Ест
Мы	Поют	Мы	Ешь
Вы	Поём	Вы	Едят
Они	Поёт	Они	Едите

Я	Пью	Я	Плывёшь
Ты	Пьют	Ты	Плывут
Он/она	Пьёте	Он/она	Плывём
Мы	Пьёт	Мы	Плыву
Вы	Пьём	Вы	Плывёте
Они	Пьёшь	Они	Плывёт

xercise 3.

Fill in the blanks with suitable personal pronouns:

1. _____ учат; _____ учу; _____ учит;

_____ учим; _____ учите; _____ учишь.

2. _____ молчу; _____ молчат; _____ молчим;

_____ молчите; _____ молчишь; _____ молчит.

3. _____ знаете; _____ знают; _____ знаю;

_____ знаешь; _____ знает; _____ знаем.

xercise 4.

Write the verbs in correct forms (use the dictionary):

1. Он (прыгать) _____.

2. Они (пробовать) _____.

3. Я (летать) _____.

4. Ты (править) _____.

5. Мы (водить) _____.

6. Вы (говорить) _____.

7. Я (звонить) _____.

8. Они (болтать) _____.

9. Она (падать) _____.

10. Мы (думать) _____.

Exercise 5.

Match the pictures with the words in the box:

1. Уходить   2. Приносить   3. Бежать   4. Показывать   5. Сидеть

6. Говорить

Lesson 6. Russian possessive pronouns

We already covered the personal pronouns. Now it's time to learn how to demonstrate possession in Russian.

As you remember, all Russian nouns belong to one of the three genders: masculine, feminine, neuter. It's very important because the possessive pronouns have several forms.

Let's begin with the question WHOSE first:
Masculine – ЧЕЙ? (Чей чай? Чей муж? Чей дом?)
Feminine – ЧЬЯ? (Чья мама? Чья книга? Чья работа?)
Neuter – ЧЬЁ? (Чьё пальто? Чьё вино? Чьё меню?)

EXAMPLES: MASCULINE NOUNS

Мой / Твой / Его / Её / Его / Наш / Ваш / Их Заво́д – My / Your/ His / Her / Our / Your/ Their Factory
Мой / Твой / Его / Её / Его / Наш / Ваш / Их музе́й – Museum
Мой / Твой / Его / Её / Его / Наш / Ваш / Их телефо́н – Phone
Мой / Твой / Его / Её / Его / Наш / Ваш / Их микрофо́н – Microphone
Мой / Твой / Его / Её / Его / Наш / Ваш / Их телеви́зор – Tv-Set
Мой / Твой / Его / Её / Его / Наш / Ваш / Их холоди́льник – Fridge
Мой / Твой / Его / Её / Его / Наш / Ваш / Их о́фис – Office
Мой / Твой / Его / Её / Его / Наш / Ваш / Их стол – Table
Мой / Твой / Его / Её / Его / Наш / Ваш / Их стул – Chair
Мой / Твой / Его / Её / Его / Наш / Ваш / Их дом – House
Мой / Твой / Его / Её / Его / Наш / Ваш / Их рестора́н – Restaurant
Мой / Твой / Его / Её / Его / Наш / Ваш / Их чай – Tea
Мой / Твой / Его / Её / Его / Наш / Ваш / Их борщ – Borscht
Мой / Твой / Его / Её / Его / Наш / Ваш / Их ве́чер – Evening
Мой / Твой / Его / Её / Его / Наш / Ваш / Их каранда́ш – Pencil
Мой / Твой / Его / Её / Его / Наш / Ваш / Их шокола́д – Chocolate
Мой / Твой / Его / Её / Его / Наш / Ваш / Их класс – Class.

EXAMPLES: FEMININE NOUNS

Моя́ / Твоя́ / Его / Её / Его / Наша / Ваша / Их семья́ – My / Your/ His / Her / Our / Your/ Their Family
Моя́ / Твоя́ / Его / Её / Его / Наша / Ваша / Их маши́на – Car

Моя / Твоя / Его / Её / Его / Наша / Ваша / Их зима́ – Winter
Моя / Твоя / Его / Её / Его / Наша / Ваша / Их салфе́тка – Napkin
Моя / Твоя / Его / Её / Его / Наша / Ваша / Их ла́мпа – Lamp
Моя / Твоя / Его / Её / Его / Наша / Ваша / Их еда́ – Food
Моя / Твоя / Его / Её / Его / Наша / Ваша / Их пи́цца – Pizza
Моя / Твоя / Его / Её / Его / Наша / Ваша / Их Росси́я – Russia
Моя / Твоя / Его / Её / Его / Наша / Ваша / Их презента́ция – Presentation
Моя / Твоя / Его / Её / Его / Наша / Ваша / Их корзи́на – Basket
Моя / Твоя / Его / Её / Его / Наша / Ваша / Их ситуа́ция – Situation
Моя / Твоя / Его / Её / Его / Наша / Ваша / Их смета́на – Sour Cream
Моя / Твоя / Его / Её / Его / Наша / Ваша / Их москва́ – Moscow
Моя / Твоя / Его / Её / Его / Наша / Ваша / Их газе́та – Newspaper
Моя / Твоя / Его / Её / Его / Наша / Ваша / Их ру́чка – Pen
Моя / Твоя / Его / Её / Его / Наша / Ваша / Их ко́мната – Room.

EXAMPLES: NEUTER NOUNS

Моё / Твоё / Его / Её / Его / Наше / Ваше / Их зда́ние – My / Your/ His / Her / Our / Your/ Their Building
Моё / Твоё / Его / Её / Его / Наше / Ваше / Их вино́ – Wine
Моё / Твоё / Его / Её / Его / Наше / Ваше / Их пи́во – Beer
Моё / Твоё / Его / Её / Его / Наше / Ваше / Их мо́ре – Sea
Моё / Твоё / Его / Её / Его / Наше / Ваше / Их окно́ – Window
Моё / Твоё / Его / Её / Его / Наше / Ваше / Их упражне́ние – Exercise
Моё / Твоё / Его / Её / Его / Наше / Ваше / Их со́лнце – Sun
Моё / Твоё / Его / Её / Его / Наше / Ваше / Их настрое́ние – Mood
Моё / Твоё / Его / Её / Его / Наше / Ваше / Их ме́сто – Place
Моё / Твоё / Его / Её / Его / Наше / Ваше / Их де́рево – Tree
Моё / Твоё / Его / Её / Его / Наше / Ваше / Их зо́лото – Gold
Моё / Твоё / Его / Её / Его / Наше / Ваше / Их серебро́ – Silver
Моё / Твоё / Его / Её / Его / Наше / Ваше / Их се́рдце – Heart
Моё / Твоё / Его / Её / Его / Наше / Ваше / Их у́тро – Morning
Моё / Твоё / Его / Её / Его / Наше / Ваше / Их лицо́ – Face
Моё / Твоё / Его / Её / Его / Наше / Ваше / Их вре́мя – Time
Моё / Твоё / Его / Её / Его / Наше / Ваше / Их и́мя – Name.

Exercise 1.

Complete the table:

	Чей?	Чья?	Чьё?	Чьи?
Я		Моя		Мои
	Твой		Твоё	
Он		Его		
	Её			
Оно			Его	
Мы				Наши
	Ваш	Ваша		
Они			Их	

Exercise 2.

Fill in the blanks the suitable pronoun:

Мой/моя/моё/мои

1. Это _____ книга.
2. Это _____ дом.
3. Это _____ кот.
4. Это _____ окно.

5. Это _____ яхта.
6. Это _____ пицца.
7. Это _____ вагон.
8. Это _____ машина.

Твой/твоя/твоё/твои

1. Это _____ мама.
2. Это _____ компьютер.
3. Это _____ метро.
4. Это _____ свитер.

Exercise 3.

Fill in the blanks with the right pronoun:

Наш/наша/наше/наши

1. Это _____ машина.

2. Это _____ команда.

3. Это _____ люди.

4. Это _____ шкаф.

5. Это _____ город.

6. Это _____ метро.

Ваш/Ваша/Ваше/Ваши

1. Это _____ мячи.

2. Это _____ руки.

3. Это _____ земля.

4. Это _____ кот.

5. Это _____ деньги.

6. Это _____ страна.

Exercise 4.

Fill in the blanks with possessive pronouns (look at the endings):

1. Это я. Это мой стул. Это моя машина. Это мои ключи. Это моё право.

2. Это ты. Это _____ стол. Это _____ книги. Это _____ пальто. Это _____ дверь.

3. Это он. Это _____ деньги. Это _____ друг. Это _____ работа. Это _____ солнце.

3. Это она. Это _____ подруга. Это _____ папа. Это _____ платье. Это _____ очки.

4. Это мы. Это _____ слово. Это _____ род. Это _____ джинсы. Это _____ дочь.

5. Это вы. Это _____ вино. Это _____ кухня. Это _____ дерево. Это _____ пол.

6. Это они. Это _____ кофе. Это _____ чашка. Это _____ часы. Это _____ пост.

Exercise 5.

Read the dialogues out loud. Write your own dialogues with some funny characters.

– Кто это?
– Это Дарт Вейдер.
– Кто он?
– Он мой отец (папа).
– Что он делает?
– Он работает. Он джедай.
Это его работа.

– Кто это?
– Это королева Елизавета.
– Кто она?
– Она моя подруга.
– Она твоя подруга?!!
– Да.
– Что она делает?
– Она гуляет.

– _____
– _____
– _____
– _____
– _____
– _____
– _____
– _____
– _____
– _____
– _____
– _____
– _____

– _____
– _____
– _____
– _____
– _____
– _____
– _____
– _____
– _____
– _____
– _____
– _____
– _____

Lesson 7. Russian plurals

Russian nominative plural is the topic of today's lesson. In English, we create a plural form just by adding S to the ending. In Russian things are more complicated (as usual;))

So, how to form the plural form of a noun? Always look at the ending!
If the word ends with А – replace it with Ы.
If it ends with a hard consonant – simply add Ы.

Examples:

Студéнт – студéнтЫ
Президéнт – президéнтЫ
Момéнт – момéнтЫ
Стол – столЫ
Дивáн – дивáны
Компью́тер – компью́терЫ
Телефóн – телефóнЫ
Гáмбургер – гáбмургерЫ
Ресторáн – ресторáнЫ

Блин – блинЫ
Прогрáмма – прогрáммЫ
Игрá – игрЫ
Лáмпа – лáмпЫ
Кóмната – кóмнатЫ
Кáрта – кáртЫ
Мáма – мáмЫ
Дáма – дáмЫ
Газéта – газéтЫ

2. If the word ends with Я – replace it with И.
If it ends with a soft consonant (soft sign or Й) – add И.

Examples:

Дя́дя – дя́дИ
Семья́ – сéмьИ
Бой – боЙ
Путь – путИ́
Кровáть – кровáтИ

Дверь – двéрИ
Зверь – звéрИ
Недéля – недéлИ
Гость – гóстИ

3. If the word ends with О – replace it with А.
If the word ends with Е – replace it with Я.

Examples:
Окнó –óкнА
Мéсто – местÁ
Винó – ви́нА

Мóре – моря́
Здáние – здáниЯ
Упражнéние – упражнéниЯ

http://realrussianclub.com

Exceptions:

Г К Х
Ж Ш
Ч Щ
They always give И in the ending.

Examples:

Пирóг – пирогИ
Дорóга – дорóгИ
Бутылка – бутылкИ
Порóг – порóгИ
Крýг – кругИ

Плащ – плащИ
Калáч – калачИ
Тýча – тýчИ
Язы́к – языкИ

MORE EXCEPTIONS:

Брат – брáтьЯ
Сестрá – сёстрЫ

Друг – друзьЯ
Дом – домÁ

Exercise 1.

Write the words in plural (look at the endings):

1. Стол - _____ ;
2. Трава - _____ ;
3. Кровать - _____ ;
4. Мышь - _____ ;
5. Земля - _____ ;
6. Топор - _____ ;
7. Окно - _____ ;
8. Дача - _____ ;
9. Муха - _____ ;
10. Сон - _____ ;
11. Дорога - _____ ;
12. Дерево - _____ ;
13. Куст - _____ ;
14. Холст - _____ ;
15. Кот - _____ ;
16. Собака - _____ ;
17. Лампа - _____ ;
18. Озеро - _____ ;
19. Хлеб - _____ ;
20. Нож - _____ ;
21. Жук - _____ ;
22. Плот - _____ ;
23. Ложка - _____ ;
24. Вино - _____ ;
25. Дождь - _____ ;
26. Рыба - _____ ;
27. Зверь - _____ ;
28. Лопата - _____ ;
29. Поезд - _____ ;
30. Цвет - _____ ;
31. Шкаф - _____ ;
32. Мяч - _____ ;
33. Машина - _____ ;
34. Суд - _____ ;
35. Отель - _____ ;
36. Деньга - _____ ;
37. Носок - _____ ;
38. Пятно - _____ ;
39. Соус - _____ ;
40. Блюдо - _____ .

Exercise 2.

Write the plural or singular form:

1. _____ - Яйца;

2. Кошка - _____;

3. _____ - Коровы;

4. _____ - Ручки;

5. Нога - _____;

6. _____ - Руки;

7. _____ - Торты;

8. Студент - _____;

9. Майка - _____;

10. _____ - книги;

11. _____ - Солдаты;

12. Танк - _____;

13. Птица - _____;

14. _____ - Океаны;

15. Страница - _____;

16. _____ - Листы;

17. Война - _____;

18. _____ - Подушки;

19. _____ - Гамбургеры;

20. Программа - _____.

Exercise 3.

Write a positive sentence as in the example:

1. Это дома́?
Да, это дома́.

2. Это звери?
_____.

3. Это гамбургеры?
_____.

4. Это тучи?
_____.

5. Это окна?
_____.

6. Это церкви?
_____.

7. Это собаки?
_____.

8. Это города?
_____.

9. Это океаны?
_____.

10. Это моря?
_____.

$\mathcal{E}$xercise 4.

Please, answer the question:

 1. Это томаты?
Нет, это бананы.

 2. Это кофе?
_____.

 3. Это ноты?
_____.

 4. Это фрукты?
_____.

 5. Это дома?
_____.

 6. Это вина?
_____.

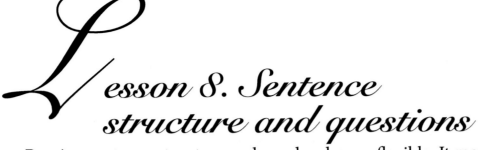 

Lesson 8. Sentence structure and questions

Russian sentence structure and word order are flexible. It means that you can put words in different places in the sentence and the meaning will stay pretty much the same.

For example, in English, we say: SHE IS A TEACHER. If we try IS TEACHER A SHE or anything else, the meaning will change.
In Russian, we can do this, but… it's not random! It depends on the context and emotions of the speaker.

For example,
Я БЫЛА НА РАБОТЕ – I was at work (normal sentence)
НА РАБОТЕ Я БЫЛА!!! – I was at work (but when somebody asked you 100 times already :D)
БЫЛА Я КАК-ТО НА РАБОТЕ… – I was at work once… (and then follows some story)

You see? It's not that random at all!
So please just stay with the basic word order: Subject + Verb + Object
Examples (don't worry about the endings, we'll learn them later, now only the word order is important):
Он работает сегодня – He is working today;
Мама читает газету – Mom is reading a newspaper;
Дарья гуляет в парке – Daria is walking in the park.

QUESTIONS IN RUSSIAN
So-called YES/NO questions are formed just with intonation (watch the video – 15:30). You don't have to change the word order to make a question.

In English: She is a teacher. – Is she a teacher?
In Russian: Она учитель. – Она учитель?
In English: This is a girl. – Is this a girl?
In Russian: Это девушка. – Это девушка?
In English: He is sick. – Is he sick?
In Russian: Он болеет. – Он болеет?
Also, you can use the question words to make questions. Here are some of them:
Кто? – Who?
Что? – What?
Где? – Where?
Когда? – When?
Почему? Зачем? – Why?

Exercise 1.

Insert the suitable question words:

- _____ это?
- Это книга.

- _____ машина?
- Машина тут.

- _____он молчит?
- Потому что он мим.

- _____ она?
- Она певица.

Exercise 2.

Read out loud. Practice statement and question intonation:

Это кокос — Это кокос?
Миша футболист — Миша футболист?
Это лампа — Это лампа?
Лена – учитель — Лена – учитель?
Я болею — Я болею?

Ты нормальный — Ты нормальный?
Это самолёт — Это самолёт?
Вы идёте — Вы идёте?
Он стоит — Он стоит?
Она читает — Она читает?

Exercise 3.

Fill in the blanks with missing words:

1. _____ это? Это мой друг.

2. Кто ____? Он доктор.

3. _____ это машина? Она моя.

4. _____ видишь? Да, я вижу.

5. Он ест или _____? Он пьёт.

6. ____ он делает? Он отдыхает.

7. _____ у тебя хобби? Музыка.

8. _____ машина? Да, это машина.

9. Кто _____ ? Это Кирилл.

10. _____ мои очки? Они там.

Exercise 4.

Write your own dialogues as in the models:

ЧТО

- Что это?

- Это машина.

- Она твоя?

- Нет.

ГДЕ

- _____?

- _____.

- _____?

- _____.

КТО

- _____?

- _____.

- _____?

- _____.

КОГДА

- _____?

- _____.

- _____?

- _____.

Exercise 5.

Write your own sentences in Russian using the new material:

1. _____.

2. _____.

3. _____.

4. _____.

5. _____.

6. _____.

7. _____.

8. _____.

9. _____.

10. _____.

11. _____.

12. _____.

13. _____.

14. _____.

Lesson 9. Russian adjectives

An adjective describes a noun (person, animal, phenomenon, thing, substance, etc). Watch the lesson about Russian nouns and genders first!
All Russian adjectives change their endings according to the gender of a noun: masculine, feminine, neuter.

MASCULINE endings ЫЙ, ИЙ, ОЙ

The ending ЫЙ is the most common. ИЙ we use after those "special" letters that we mentioned in previous lessons (Г К Х Ц Ч Ш Щ). ОЙ we use when the ending is stressed. Watch the video with explanations, please.

КРАСИ́ВЫЙ – beautiful
ДО́БРЫЙ – kind
СТА́РЫЙ – old
У́МНЫЙ – smart
МА́ЛЕНЬКИЙ – small
ХОРО́ШИЙ – good

ЛЁГКИЙ – light
БОЛЬШО́Й – big
СУХО́Й – dry
МОЛОДО́Й – young
ПЛОХО́Й – bad

Also, pay attention to adjectives ending on -**НИЙ**.

СИ́НИЙ – blue
У́ТРЕННИЙ – morning

РА́ННИЙ – early
ВЕЧЕ́РНИЙ – evening

FEMININE endings -АЯ and -Я

КРАСИ́ВАЯ
ДО́БРАЯ
СТА́РАЯ
У́МНАЯ
МА́ЛЕНЬКАЯ
ХОРО́ШАЯ

ЛЁГКАЯ
БОЛЬША́Я
СУХА́Я
МОЛОДА́Я
ПЛОХА́Я

Adjectives on -**НИЙ** turn to -**НЯЯ** in the feminine form.

СИ́НЯЯ
У́ТРЕННЯЯ

РА́ННЯЯ
ВЕЧЕ́РНЯЯ

NEUTER endings -ОЕ and -ЕЕ.

КРАСИ́ВОЕ
ДО́БРОЕ
СТА́РОЕ
У́МНОЕ
МА́ЛЕНЬКОЕ
ХОРО́ШЕЕ

ЛЁГКОЕ
БОЛЬШО́Е
СУХО́Е
МОЛОДО́Е
ПЛОХО́Е

Adjectives on -НИЙ turn to -НЕЕ in the neuter form.

СИ́НЕЕ
УТРЕННЕЕ

РА́ННЕЕ
ВЕЧЕ́РНЕЕ.

PLURAL endings -ЫЕ and -ИЕ.

КРАСИ́ВЫЕ
ДО́БРЫЕ
СТА́РЫЕ
У́МНЫЕ
МА́ЛЕНЬКИЕ
ХОРО́ШИЕ

ЛЁГКИЕ
БОЛЬШИ́Е
СУХИ́Е
МОЛОДЫ́Е
ПЛОХИ́Е

Exercise 1.

Write the correct endings of the adjectives:

1. Маленьк____ девочка; 2. Красив____ девушка; 3. Проклят____ стар____ дом; 4. Добр___ люди; 5. Зелён___ окно; 6. Красн___ свет; 7. Мягк___ подушка; 8. Плох___ примеры; 9. Утренн___ звезда; 10. Зелён___ книга; 11. Умн___ ребёнок; 12. Отличн____ тапочки; 13. Интересн___ видео; 14. Ранн___ утро; 15. Стар___ штаны; 16. Вечерн___ платье; 17. Добр___ человек; 18. Золот___ кольцо; 19. Драгоценн___ камень; 20. Серебрянн___ меч.

Exercise 2.

Make the phrases as in the model from the suggested words:

1. Тяжёлый - учебник, работа, сумка, машина.
Тяжёлый учебник, тяжёлая работа, тяжёлая сумка, тяжёлая машина.

2. Красивый - цветок, статуя, картина, метро, пальто.
_____.

3. Синий - галстук, платье, шляпа, книга.
_____.

4. Мягкий - подушка, свитер, игрушка, носок.
_____.

5. Весёлый - мальчик, собака, котёнок, девушка.
_____.

Exercise 3.

Write the adjective in the correct form:
1. Это (маленький) маленький мальчик.

2. Это (жёлтый) _____ машина.

3. Это (старый) _____ дом.

4. Это (яркий) _____ солнце.

5. Это (отличный) _____ картина.

6. Это (вкусный) _____ пицца.

7. Это (волшебный) _____ лампа.

8. Это (западный) _____ район.

9. Это (быстрый) _____ лошадь.

10. Это (утренний) _____ чай.

Exercise 4.

Form the plurals as in the model:

1. Это моя новая книга.
Это мои новые книги.

2. Это её красное платье.
_____.

3. Это твоя новая ручка.
_____.

4. Это ваше последнее слово.
_____.

5. Это наша прекрасная страна.
_____.

6. Это её старый друг.
_____.

7. Это мой интересный проект.
_____.

8. Это наша хорошая собака.
_____.

9. Это моя чёрная куртка.
_____.

10. Это её дорогое украшение.
_____.

xercise 5.

Write your own sentences using adjectives:

1. _____ .

2. _____ .

3. _____ .

4. _____ .

5. _____ .

6. _____ .

7. _____ .

8. _____ .

9. _____ .

10. _____ .

11. _____ .

12. _____ .

13. _____ .

14. _____ .

15. _____ .

16. _____ .

17. _____ .

18. _____ .

19. _____ .

20. _____ .

Lesson 10. Russian verbs. Part 2.

Today we continue speaking about Russian verbs conjugation. It's not easy to remember all the endings but it's inevitable if you want to speak Russian. Verbs are the most important and most frequently used words in any language.

Here is how Russian verbs are conjugated:

Conjugation Class I (-e- type)

	SINGULAR	PLURAL
FIRST PERSON	-ю/(-у)	-ем/ём
SECOND PERSON	-ешь/-ёшь	-ете/ёте
THIRD PERSON	-ет/ёт	-ют/(-ут)

Conjugation Class II (-и- type)

	SINGULAR	PLURAL
FIRST PERSON	-ю/(-у)	-им
SECOND PERSON	-ишь	-ите
THIRD PERSON	-ит	-ят/(-ат)

Type 1 Present Tense Conjugation Examples (-ать, -еть, or -ять). (Делать, болеть)

де́ла + ю	>	де́лаю	де́ла + ем	>	де́лаем
де́ла + ешь	>	де́лаешь	де́ла + ете	>	де́лаете
де́ла + ет	>	де́лает	де́ла + ют	>	де́лают

боле́ + ю	>	боле́ю	боле́ + ем	>	боле́ем
боле́ + ешь	>	боле́ешь	боле́ + ете	>	боле́ете
боле́ + ет	>	боле́ет	боле́+ ют	>	боле́ют

Type 2 Present Tense Conjugation Examples (-ить, and some -ать, -еть, or -ять: гляде́ть, зави́сеть, звуча́ть, лежа́ть, молча́ть, смотре́ть, стоя́ть, терпе́ть, and шуме́ть).

молча́ + у	> молчу́	молча́ + им	>	молчи́м
молча́ + ишь	> молчи́шь	молча́ + ите	>	молчи́те
молча́ + ит	> молчи́т	молча́ + ат	>	молча́т
смотре́ + ю	> смотрю́	смотре́ + ем	>	смо́трим
смотре́ + ишь	> смо́тришь	смотре́ + ите	>	смо́трите
смотре́ + ит	> смо́трит	смотре́ + ят	>	смо́трят

Type 3 Present Tense Conjugation Examples (-нуть, -еять, -аять, and a few verbs end in -ать or -ить).

жда + у	> жду	жда + ём	>	ждём
жда + ёшь	> ждёшь	жда + ёте	>	ждёте
жда + ёт	> ждёт	жда + ут	>	ждут
наде́я + ю + сь	> наде́яюсь	наде́я + ем+ся	>	наде́емся
наде́я + ешь + ся	> наде́ешься	наде́я + ете+сь	>	наде́етесь
наде́я + ет + ся	> наде́ется	наде́я + ут+ся	>	наде́ятся

Type 4 Present Tense Conjugation Examples (-овать, -евать)

атакова́ + ю	> атаку́ю	атакова́ + ем	>	атаку́ем
атакова́ + ешь	> атаку́ешь	атакова́ + ете	>	атаку́ете
атакова́ + ет	> атаку́ет	атакова́ + ут	>	атаку́ют
жева́ + у	> жую́	жева́ + ем	>	жуём
жева́ + ешь	> жуёшь	жева́ + ете	>	жуёте
жева́ + ет	> жуёт	жева́ + ют	>	жуют

Type 5 Present Tense Conjugation Examples (-сти, -зть, and -сть)

крад + у	> де́лаю	крад + ем	>	де́лаем
крад + ешь	> де́лаешь	крад + ете	>	де́лаете
крад + ет	> де́лает	крад + ут	>	де́лают
грыз + у	> грыз	грыз + ем	>	грызём
грыз + ешь	> грыз	грыз + ете	>	грызёте
грыз + ет	> грыз	грыз + ут	>	грызут

Type 6 Present Tense Conjugation Examples (-чь)

стриг + у	> стригу́	стриг + ём	>	стрижём
стриг + ёшь	> стрижёшь	стриг + ёте	>	стрижёте
стриг + ёт	> стрижёт	стриг + ут	>	стригут
стерёг + у	> стерёгу	стерёг + ём	>	стережём
стерёг + ешь	> стерижёшь	стерёг + ёте	>	стережёте
стерёг + ет	> стерижёт	стерёг + ут	>	стерегу́т

There are more conjugation types but for now try to master these .

Exercise 1.

Use the correct form of the verbs: (don't worry about the nouns and their cases)

1. Я (читать) _____ газету.
2. Лена (слушать) _____ музыку.
3. Дети (слушать) _____ сказку.
4. Класс (читать) _____ учебник.
5. Я (слушать) _____ речь.
6. Люди (читать) _____ журналы.
7. Ты (читать) _____ письмо?
8. Вы (слушать) _____ меня?
9. Вы (читать) _____ новости?
10. Ты (читать) _____ вывеску.
11. Она хорошо (слушать) _____.
12. Мы (читать) _____ роман.

Exercise 2.

Use the correct form of the verbs (жарить – to fry; смотреть – to watch):

1. Я (жарить) _____ курицу.
2. Аня (смотреть) _____ видео.
3. Бабушка (жарить) _____ блины.
4. Дети (смотреть) _____ кино.
5. Ты (жарить) _____ яйца?
6. Обычно это не (жарить) _____.
7. Я такое не (смотреть) _____.
8. Вы (жарить) _____ грибы?
9. Вы (смотреть) _____ телевизор?
10. (Смотреть) _____ куда идёшь!
11. Она (жарить) _____ на масле.
12. Мы (смотреть) _____ пьесу.

Exercise 3.

Use the correct form of the verbs (рвать – to tear; ждать – to wait):

1. Я (рвать) _____ бумагу.
2. Паша (рвать) _____ фотографии.
3. Ребёнок (рвать) _____ книгу.
4. Дети (ждать) _____ обед.
5. Она (рвать) _____и мечет.
6. Вы (ждать) _____ автобус?
7. Собаки (рвать) _____ диван.
8. Ты (ждать) _____ продолжения?
9. Вы (рвать) _____ письмо?
10. Мы (ждать) _____поезд.
11. Маша (ждать) _____ принца.
12. Мы (рвать) _____ договор.

Exercise 4.

Use the correct form of the verbs (пробовать – to try; жевать – to chew):

1. Я (пробовать) _____ пиццу.
2. Вы (пробовать) _____ встать.
3. Мы (жевать) _____ жвачку.
4. Ты (жевать) _____вообще?
5. Маша (пробовать) _____воду.
6. Вы (жевать) _____ устриц?
7. Собака что-то (жевать) _____.
8. Ты (пробовать) _____ не дышать?
9. Мы (жевать) _____ вместе!
10. Люди (пробовать) _____ разные методы.
11. Ира (жевать) _____ кору.
12. Я (жевать) _____ еду.

Use the correct form of the verbs (don't worry about the grammar you don't understand):

1. Он (атаковать) _____ в игре World of Warcraft.

2. Я (читать) _____ каждый день.

3. Мы (учиться) _____ в университете.

4. Это фанаты. Они (болеть) _____ за Спартак.

5. Красные розы хорошо (пахнуть) _____.

6. Он (готовить) _____ очень вкусный хлеб.

7. Марина (делать) _____ красивый макияж.

8. Животные (греться) _____ у огня.

9. Зачем мы в кафе (идти) _____?

10.   Студент (читать) _____ комикс.

11.   Часто он (терять) _____ документы.

12.   Я (гулять) _____ в парке каждый вечер.

13.   Марина (жить) _____ в Америке.

14.   Синяя машина (ехать) _____ быстро.

15.   Доктор (работать) _____ в поликлинике.

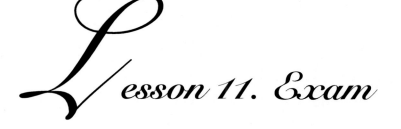

Lesson 11. Exam

 # Lesson 12. Negation

Today we start learning a little bit about negation in Russian. This topic is fairly easy and I'm sure you won't have any problems with it.

The English equivalent usually would be "not". Not me, not a good idea, not an interesting book, and so on.

In Russian, we simply add a particle НЕ.

НЕ Я, НЕ ОНИ, НЕ КОТ, НЕ ДРУГ, НЕ КУРИТЬ, НЕ ТВОЙ, etc.

You can add НЕ before different parts of speech.

Pronouns:
НЕ Я, НЕ ТЫ, НЕ ОН/ОНА/ОНО, НЕ ОНИ, НЕ МЫ, НЕ ВЫ.

Nouns:
НЕ КНИГА, НЕ ЖУРНАЛ, НЕ УЧИТЕЛЬ, НЕ ГОРОД.

Verbs:
Я НЕ ЧИТАЮ, ОН НЕ ПРЫГАЕТ, ОНИ НЕ ХОТЯТ.

Adjectives (here be careful because sometimes you write it together, sometimes separately):
НЕВКУСНАЯ ЕДА, НЕКРАСИВЫЙ ДОМ, НЕБОЛЬШОЙ ПАРК.

Exercise 1.

Please, answer the questions:
Words for hint: сумка, стол, комикс, вода, дверь.

1. - Это машина?
   - Нет, это часы.

2. - Это газета?
   - Нет, это _____.

3. - Это куртка?
   - Нет, это _____.

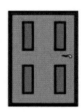

4. - Это окно?
   - Нет, это _____.

5. - Это стул?
   - Нет, это _____.

6. - Это сок?
   - Нет, это _____.

Exercise 2.

Match the words:

Я	не читаем	Я	не пишут
Ты	не читаю	Ты	не пишем
Он/она	не читаете	Он/она	не пишу
Мы	не читают	Мы	не пишете
Вы	не читает	Вы	не пишешь
Они	не читаешь	Они	не пишет

Exercise 3.

Insert possessive pronouns in negative forms:

Наш/наша/наше/наши   Ваш/Ваша/Ваше/Ваши   Твой/твоя/твоё/твои

1. Это не _____ машина.
1. Это не _____ свечи.
1. Это не _____ дома.

2. Это не _____ роза.
2. Это не _____ счета.
2. Это не _____ брюки

3. Это не _____ люди.
3. Это не _____ земля.
3. Это не _____ солнце.

4. Это не _____ шкаф.
4. Это не _____ кот.
4. Это не _____ пёс.

5. Это не _____ город.
5. Это не _____ деньги.
5. Это не _____ земля.

6. Это не_____ метро.
6. Это не _____ страна.
6. Это не _____ диван.

Exercise 4.

Write negative sentences as in the model:

1. Это дома́?
Нет, это не дома́.

2. Это птица?
_____.

3. Это еда?
_____.

4. Это Эмма?
_____.

5. Это музыкант?
_____.

6. Это солнце?
_____.

7. Это облако?
_____.

8. Это собака?
_____.

9. Это кошка?
_____.

10. Это зоопарк?
_____.

11. Это краска?
_____.

12. Это фотография?
_____.

13. Это кофе?
_____.

14. Это зверь?
_____.

Exercise 5.

Write your own sentences using adjectives with не.

1. Это невкусная еда.

2. _____.

3. _____.

4. _____.

5. _____.

6. _____.

7. _____.

8. _____.

9. _____.

10. _____.

11. _____.

12. _____.

13. _____.

14. _____.

15. _____.

16. _____.

17. _____.

18. _____.

19. _____.

20. _____.

Lesson 13 and 14. Russian cases. Prepositional case. Part 1

I'm sure you've heard A LOT about how complex Russian cases system is. I'm not going to lie to you, this topic will really require some effort.

There are 6 cases in Russian:
Nominative
Genitive
Dative
Accusative
Instrumental
Prepositional

Why do we even need them? The thing is that we don't have a strict word in Russian. For example, if you say
"Bill kills John" – we understand who the murderer is, right? Not so simple in Russian! Due to the word order flexibility we can equally get the idea that it was John who killed Bill.

That's why we need to put one of the words in one of the cases. In this situation it's going to be Accusative.
БИЛЛ УБИЛ ДЖОНА (this A in the ending indicates the case.)

Before going to some particular cases, let's talk about THREE DECLENSIONS:

I. all the words ending on А, Я (КОМНАТА, ДЕРЕВНЯ, ПАПА, ДЯДЯ)
II. masculine nouns ending on consonants (СТУДЕНТ, КЛАСС, УЧИТЕЛЬ) and neuter nouns on О. Е (ВИНО, ДЕРЕВО).
III. Feminine nouns on Ь (НОЧЬ, МЫШЬ, ТЕТРАДЬ).

The way the endings change in each case will depend on the declension.

Today we begin speaking about the Prepositional case.

How to change the endings?
I declension: А to Е (КОМНАТЕ, ДЕРЕВНЕ, ПАПЕ, ДЯДЕ)
II declension: add Е (СТУДЕНТЕ, КЛАССЕ, УЧИТЕЛЕ, ВИНЕ, ДЕРЕВЕ)
III declension: Ь to И (НОЧИ, МЫШЬ, ТЕТРАДИ).

PLUS:
words on -ИЯ change to -ИИ (ИСТОРИЯ-ИСТОРИИ, АУДИТОРИЯ-
АУДИТОРИИ).

When do we use the prepositional case?
1) when we answer the question ГДЕ (where?) and use prepositions В (in) and
НА (on).
В КОМНАТЕ, В АУДИТОРИИ, В МУЗЕЕ, В ТЕТРАДИ.
НА СТОЛЕ, НА КНИГЕ.

Remember these words:
НА РАБОТЕ, НА ПОЧТЕ, НА ЗАВОДЕ.

Here are some examples with sentences:
Я РАБОТАЮ В ШКОЛЕ.
МЫ ГУЛЯЕМ НА ПЛОЩАДИ.
ВЫ ЖИВЕТЕ В ГОРОДЕ.
ОН СПИТ В КРОВАТИ.

xercise 1.

Arrange the words in 3 declensions:
Кот, собака, стол, мышь, туча, река, вещь, история, горечь, метро, паук,
паутина, слово, лекция, жук, окно, блин, море, молния, ручей, земля, воля,
огонь, пельмень, зерно, солнце, полотенце, волна, песок, вода.

Declension 1	Declension 2	Declension 3

Exercise 2.

Answer the questions:

- Это льдина.
- Где пингвин?
- Он на льдине.

- Это конь.
- Где рыцарь?
- Он _____.

- Это ковёр.
- Где кот ?
- Он _____.

- Это доска.
- Где хлеб?
- Он _____.

- Это стол.
- Где ваза?
- Она _____.

- Где цветок?
- Он _____.

- Это полка.
- Где книги?
- Они _____.

Exercise 3.

Answer the questions using prepositions в/на + prepositional case:

1. Где гуляет собака? (сад) В саду.

2. Где рюкзак? (скамейка) _____ _____.

3. Где живёт заяц? (лес) _____.

4. Где платье? (шкаф) _____.

5. Где ключи? (стол) _____.

6. Почему ты сидишь (земля) _____ _____?

7. Где деньги? (банк) _____.

8. Где кот? (улица) _____ _____.

9. Где птицы? (деревья) _____ _____.

10. Где рыба? (вода) _____.

11. Где одежда? (стул) _____

12. Где сын? (школа) _____.

Fill in the blanks:

1. Нож лежит на столе.

2. Картина вис_____ _____ стене.

3. Рыба плава_____ _____ воде.

4. Собака гуля_____ _____ улице.

5. Птицы лета_____ _____ небе.

6. Снег леж_____ _____ земле.

7. Солнце свет_____ _____ небе.

8. Пилот лет_____ _____ самолёте.

9. Он сид_____ _____ кресле.

10. Она игра_____ _____ гитаре.

11. Письма леж_____ _____ ящике.

12. Ребенок прыга_____ _____ батуте.

13. Он пиш_____ это _____ бумаге.

14. Они рису_____ _____ стене.

Exercise 5.

Replace pictures with words (самолёт, шкаф, диван, остров, палатка, карта, корабль, море, кухня):

Я сижу на и мечтаю как поеду в отпуск. Мой чемодан еще с

прошлого раза ждёт меня в . Я представил как сижу в

и лечу на какой-нибудь необитаемый . Я бы

купался весь день в , жил бы в , катался бы на

. Я тут же посмотрел сколько денег у меня на

И понял, что могу отдыхать только на .

Lesson 15. Russian cases. Prepositional case. Part 2

Another time to use the Prepositional case is when you want to talk ABOUT something or someone.

О ЧЁМ? – about what?
О КОМ? – about who?

Examples:
О ЧЁМ ДУМАЕТ ПРЕЗИДЕНТ?
ОН ДУМАЕТ О РАБОТЕ.

The preposition О turns to ОБ before А О У Э И (it's simply easier to pronounce it this way).

ОБ АМЕРИКЕ
ОБ ЭКСКУРСИИ
ОБ УЧИТЕЛЬНИЦЕ
ОБ ИНСТИТУТЕ

More examples:
О КОМ ДУМАЕТ ДЖЕК?
О МАРИИ
О ДЖЕССИКЕ
О ЖЕНЕ
ОБ АННЕ

Personal pronouns will work like that:
Я – ОБО МНЕ
ТЫ – О ТЕБЕ
ОН – О НЁМ
ОНА – О НЕЙ
ОНО – О НЁМ
МЫ – О НАС
ВЫ – О ВАС
ОНИ – О НИХ.

Exercise 1.

Insert the correct endings.

1. Я говорю о работ__.
2. Макс пишет о проблем__.
3. Мой брат думает о фильм__.
4. Эта книга о жизн__.
5. Твой друг знает о машин__?
6. Они мечтают о дом__.

7. Роман говорит о Человек__-Паук__.
8. Девушка поёт о красот__.
9. Студент спрашивает о книг__.
10. Профессор не читает о ситуации.

Exercise 2.

Choose between О and ОБ.

1. _____ машине;
2. _____ университете;
3. _____ городе;
4. _____ институте;
6. _____ окне;
7. _____ доме;
8. _____ учителе;

9. _____ погоде;
10. _____ искусстве;
11. _____ яблоке;
12. _____ друге;
13. _____ книге;
14. _____ Австралии;
15. _____ Италии.

Exercise 3.

Put the pronouns in the Prepositional case.

1. Я – _____;
2. Ты – _____;
3. Он – _____;
4. Она – _____;
5. Оно – _____;
6. Они – _____;
7. Мы – _____;
8. Вы – _____;

9. Слон - _____;
10. Тетрадь - _____;
11. Свеча - _____;
12. Лампа - _____;
13. Отдых - _____;
14. Земля - _____;
14. Счёт - _____;
15. Дождь - _____.

Exercise 4.

What is Anna thinking about? О чём думает Анна? (use the dictionary)

1. _____; 5. _____; 9. _____; 13. _____;
2. _____; 6. _____; 10. _____; 14. _____.
3. _____; 7. _____; 11. _____;
4. _____; 8. _____; 12. _____;

Exercise 5.

Write your own sentences using the verbs ДУМАТЬ, ГОВОРИТЬ, МЕЧТАТЬ, РАССКАЗЫВАТЬ, ПЕТЬ, СПРАШИВАТЬ, ЧИТАТЬ, ПИСАТЬ, ЗНАТЬ **with preposition О (ОБ).**

1. _____
_____;
2. _____
_____;
3. _____
_____;
4. _____
_____;
5. _____
_____;

6. _____
_____;
7. _____
_____;
8. _____
_____;
9. _____
_____.

*L*esson 16. *Two important patterns*

Let's learn how to say 'I have' in Russian.

The most common way is У МЕНЯ ЕСТЬ.

Examples:
У МЕНЯ ЕСТЬ МАШИНА.
У МЕНЯ ЕСТЬ КОТ.

Here's how you change other personal pronouns:

ТЫ — У ТЕБЯ ЕСТЬ   МЫ — У НАС ЕСТЬ
ОН — У НЕГО ЕСТЬ   ОНИ — У НИХ ЕСТЬ
ОНА — У НЕЁ ЕСТЬ   ВЫ — У ВАС ЕСТЬ
ОНО — У НЕГО ЕСТЬ

Also, I want you to learn how to use two verbs together (verb+infinitive):
Я ЛЮБЛЮ БЕГАТЬ.
ОН ХОЧЕТ СПАТЬ.
МЫ МЕЧТАЕМ ОТДЫХАТЬ.

*E*xercise 1.

Look at the picture and say what she has.

1. У меня есть карандаши.

2. _____

3. _____

4. _____

5. _____

6. _____

ℰxercise 2.

Complete the table.

У меня есть	Я	У _____ есть	Оно
У _____ есть	Ты	У нас есть	Мы
У него есть	_____	_____ вас есть	Вы
_____ неё есть	Она	У них есть	Они

ℰxercise 3.

Write the suitable questions.

1. У вас есть учебник?   Да, у меня есть учебник.

2. _____? Да, у меня есть машина.

3. _____? Да, у неё есть платье.

4. _____? Да, у него есть вход.

5. _____? Да, у нас есть учитель.

6. _____? Да, у нас есть совесть.

7. _____? Да, у них есть деньги.

8. _____? Да, у меня есть дом.

9. _____? Да, у неё есть ключи.

10. _____? Да, у него есть друг.

11. _____? Да, у него есть вода.

12. _____? Да, у нас есть земля.

13. _____? Да, у тебя есть гараж.

Exercise 4.

Answer the questions in negative form as in the model:

1. Ты хочешь спать?   Нет, я не хочу спать.

2. Вы хотите есть?   2. _____.

3. Они хотят работать?   3. _____.

4. Она хочет отдыхать?   4. _____.

5. Я хочу пить?   5. _____.

6. Ты хочешь играть?   6. _____.

7. Мы хотим бегать?   7. _____.

8. Он хочет читать?   8. _____.

9. Они хотят купаться?   9. _____.

10.   Вы хотите гулять?   10. _____.

Exercise 5.

Answer the questions.

1. Иван, у тебя есть машина?   1. Да, у меня есть машина.

2. Анна, у Вас есть работа?   2. Да, _____.

3. Игорь, у Вас есть кофе?   3. Да, _____.

4. Мистер, у Вас есть миллион?   4. Да, _____.

5. Егор, у тебя есть учебник?   5. Да, _____.

6. Кролик, у тебя есть мёд?   6. Да, _____.

7. Джим, у тебя есть карта?   7. Да, _____.

8. Волк, у тебя есть уши?   8. Да, _____.

Lesson 17. Russian adverbs

What are adverbs? It's a part of speech that modifies a verb, an adjective, another adverb, or an entire clause or sentence.

Place: ТУТ, ЗДЕСЬ, ТАМ, СПРАВА, СЛЕВА, ВЕЗДЕ.

Time: СЕЙЧАС, ЧАСТО, ОБЫЧНО, РЕДКО, ВСЕГДА, ИНОГДА.

Manner: ХОРОШО, ПЛОХО, БЫСТРО, МЕДЛЕННО. To create them you simply change the ending of an adjective (ЫЙ/ИЙ – О/Е)

Examples:

Учитель здесь. Он там. Где стол? Тут. Доска справа.
Дарья сейчас работает в доме.
Маша всегда голодная.
Кот иногда играет в парке.
Дарья медленно говорит на ютубе.

xercise 1.

Write the antonyms.

1. Громкий	- тихий	7. Красивый	-_____
2. Высокий	-_____	8. Яркий	-_____
3. Скучный	-_____	9. Сильный	-_____
4. Холодный	-_____	10. Быстрый	-_____
5. Злой	-_____	11. Дорогой	-_____
6. Широкий	-_____	12. Короткий	-_____

Exercise 2.

Make adverbs out of the adjectives.

Скучный	скучно	Толстый	
	мокро		вкусно
Сложный			просто
Лёгкий		Низкий	
	высоко		весело

Exercise 3.

Complete the sentences with an adjective in the correct form or with an adverb from the right column.

1. Это громкая музыка. Музыка играет громко.   Громкий / громко

2. Это _____ машина. Она едет _____.   Быстрый / быстро

3. Это будет _____. _____ задание.   Сложный / сложно

4. Будет _____! Это _____ игра.   Весёлый / весело

5. Какой _____ стол! Слишком _____.   Дорогой / дорого

6. Как _____ висит яблоко. _____ яблоня.   Высокий / высоко

7. Рыба плавает _____. Это _____ озеро.   Глубокий / глубоко

8. Какой _____ суп. Он _____ пахнет.   Вкусный/ вкусно

9. Это _____? Да, это самый _____ прибор.   Точный / точно

10.   Как _____! Очень _____ солнце.   Яркий / ярко

11.   Очень _____зима. На улице так _____.   Холодный / холодно

12.   Это _____! Самый _____ способ.   Простой / просто

Write your own sentences using adverbs of time and place.

1. _____.

2. _____.

3. _____.

4. _____.

5. _____.

6. _____.

7. _____.

8. _____.

9. _____.

10. _____.

11. _____.

12. _____.

13. _____.

14. _____.

15. _____.

Lesson 18. Dictation

Today we are doing a little dictation exercise. And as usual, some Russian speaking practice is here as well.

_____

_____

_____

_____

_____

_____

_____

_____

_____

_____

_____

_____

_____

_____

_____

Lesson 19. Accusative case

Finally some good news! This is one of the easiest cases in Russian.

First of all, you're already somewhat familiar with it.

Look at this phrase:
SHE LOVES THEM (you don't say 'they', right?)

Same with phrases like:
I ASK HIM
THEY ACCUSE US
WE HATE HER
and so on.

Pretty much the same will happen in Russian buuuut... not only the pronouns will change but ALL the nouns. You just need to learn a few simple rules and that's it.

WHEN TO USE

Now — when do we use this case? We use Accusative for a direct object. It means that when you do something (take, listen, grab, watch, hold, cook and so on) to some thing, that thing should be put in Accusative.

HOW TO FORM

First, look at the gender. Is it masculine, feminine or neuter?

MASCULINE
1) inanimate nouns — DON'T CHANGE!

ДОМ, КОМПЬЮТЕР, ГОРОД

2) animate nouns — add А/Я

БРАТ — БРАТА
ДРУГ — ДРУГА
ЗЯТЬ — ЗЯТЯ

Exceptions: папа, дядя (they follow the rules for feminine nouns).

FEMININE

Replace the ending with У/Ю.

МАМА — МАМУ
ПОДРУГА — ПОДРУГУ
ДАРЬЯ — ДАРЬЮ

NEUTER

No need to change anything! Yaaay!

МОРЕ, МЕНЮ, ВИНО, ЯБЛОКО.

Examples:

я люблю кукурузу
я люблю кино
я люблю кота
я хочу дом
я хочу машину

я хочу собаку
я знаю русский язык
я знаю город
я знаю арифметику

Now let's practice!

xercise 1.

Make the sentenses using accusative case as in the model:
1. Я режу (хлеб, колбаса, яйцо, сало). Я режу хлеб, колбасу, яйцо, сало.

2. Я слушаю (музыка, плеер, опера, рэп, речь, радио, лектор, певица):
Я слушаю _____.

3. Я смотрю (телевизор, видео, кино, программа, картины, передача):
Я смотрю _____.

4. Я вижу (дом, замок, небо, земля, лошадь, солнце, туча, сон, слон):
Я вижу _____.

5. Я читаю (книга, журнал, газета, брошюра, записка, письмо, плакат):
Я читаю _____.

6. Я делаю (видео, урок, задание, обзор, кровать, еда, суп, корзина):
Я делаю _____.

Exercise 2.

Match the verbs with nouns:

1. Читать	телевизор	6. Есть	суп
2. Смотреть	музыку	7. Пить	мяч
3. Делать	книгу	8. Пинать	математику
4. Слушать	задание	9. Изучать	кофе
5. Видеть	причину	10. Готовить	пиццу

Exercise 3.

Make the sentences out of the given words. Use the accusative case:

1. Я, любить, пельмени. – Я люблю пельмени.

2. Ты, водить, машина. _____.

3. Ты, читать, книга. _____.

4. Мы, пить, квас. _____.

5. Вы, смотреть, фильм. _____.

6. Она, готовить, борщ. _____.

7. Они, толкать, автобус. _____.

8. Он, резать, хлеб. _____.

9. Он, знает, тайна. _____.

10. Они, искать, клад. _____.

11. Он, сажать, капуста. _____.

12. Ты, делать, шкаф? _____.

13. Они, петь, песня. _____.

14. Вы, слушать, опера? _____.

Exercise 4.

Fill in the blanks with verbs:

Смотреть, чистить, покупать, собирать, готовить, писать, слушать, знать, изучать, учить.

1. Папа смотрит видео.

2. Мама _____ платье.

3. Бабушка _____ еду.

4. Поэт _____ стихи.

5. Сын _____ уроки.

6. Дима _____ диван.

7. Учёный _____ медицину.

8. Он _____ поп-музыку.

9. Маша _____ продукты.

10. Она _____ русский язык.

Exercise 5.

Write your own sentences using accusative case:

1. _____.

2. _____.

3. _____.

4. _____.

5. _____.

6. _____.

7. _____.

8. _____.

9. _____.

10. _____.

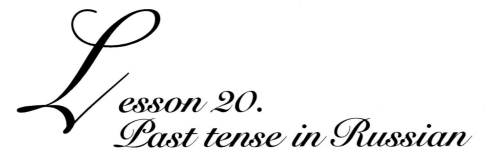 

Lesson 20. Past tense in Russian

Good news – this is a rather simple topic. In the past tense we are concerned about the gender of the subject.

If the subject is a person or an object then you would use the masculine or feminine gender as appropriate. If the subject is plural you select the plural form.

Here are the endings you use for each gender:

Masculine: -л   Neuter: -ло
Feminine: -ла   Plural: -ли

Examples:

БЫТЬ

Я был - I was (man speaking)   Оно было - It was
Я была - I was (woman speaking)   Они были – They were
Он был - He was   Вы были – You were
Она была - She was   Мы были – We were

ДЕЛАТЬ

Я делал – I did (man speaking)   Оно делало – It did
Я делала – I did (woman speaking)   Они делали – They did
Он делал – He did   Вы делали – You did
Она делала – She did   Мы делали – We did
As for the negative forms:

Я не был - I was not (man speaking).   Оно не было - It was not
Я не была - I was not (woman   Они не были - They were not
speaking).   Вы не были - You were not
Он не был – He was not   Мы не были – We were not.
Она не была – She was not

A couple of things for speaking about the past:

Вчера – yesterday
Позавчера – the day before
В пролом месяце – last month

Exercise 1.

Conjugate the verbs "говорить" and "работать" in the past tense.

Я	работала	Я	говорил/а
Ты	работали	Ты	говорили
Он	работал/а	Он	говорили
Она	работали	Она	говорил
Оно	работали	Оно	говорила
Мы	работало	Мы	говорил
Вы	работал	Вы	говорило
Они	работал	Они	говорили

Exercise 2.

Fill in the blanks with personal pronouns я, ты, он, она, оно, мы, вы, они.

1. _____ слушал; _____ слушала; _____ слушали; _____ слушали; _____ слушал; _____ слушали; _____ слушало, _____ слушал/слушала.

2. _____ болтали; _____ болтало; _____ болтали; _____ болтал; _____ болтал; _____ болтали, _____ болтал/болтала; _____ болтала.

3. _____ смотрели; _____ смотрел/смотрела; _____ смотрели; _____ смотрел; _____ смотрела; _____ смотрел; _____ смотрело; _____ смотрели.

4. _____ толкала; _____ толкал/толкала; _____ толкало; _____ толкали; _____ толкали; _____ толкали; _____ толкал; _____ толкал.

5. _____ видело; _____ видел; _____ видели; _____ видела; _____ видели; _____ видел; _____ видел/видела; _____ видели.

6. _____ сидела; _____ сидели; _____ сидел; _____ сидели; _____ сидел; _____ сидел/сидела; _____ сидели; _____ сидело.

Exercise 3.

Write the verbs in past tense.

1. Вчера я не (работать) _____; 2. Она вчера мне не (звонить) _____; 3. Раньше ты (любить) _____ этот фильм; 4. Вы (читать) _____ это письмо?; 5. Он не (смотреть) _____ этот фильм; 6. Странно, оно вчера (работать) _____; 7. Ты раньше (слушать) _____ эту группу?; 8. Они (ломать) _____ забор, когда я проходил; 9. Вы это (видеть) _____?; 10. Я (ходить) _____ в парк.

Exercise 4.

Write these verbs in the masculine form of the past tense.

Говорить — говорил
Думать —
Ходить —
Читать —
Прыгать —
Работать —
Брать —

Играть —
Гулять —
Смотреть —
Любить —
Знать —
Быть —
Делать —

Exercise 5.

Write your own sentences using the past tense.

1. _____.

2. _____.

3. _____.

4. _____.

5. _____.

6. _____.

7. _____.

Lesson 1.

Exercise 2:
Банан, Нота, Лимон, Томат, Кот, Телефон, Вино, Театр, Фото, Гитара, Кофе, Роза.

Exercise 3:
1. Да, это кока-кола; 2. Да, это кот; 3. Да, это гамбургер; 4. Да, это меню; 5. Да, это окно; 6. Да, это сестра.

Exercise 4:
2. Да, это лимон; 3. Да, это кот; 4. Нет, это театр; 5. Нет, это роза; 6. Нет, это кофе.

Lesson 2.

Exercise 1:
1. Дизайнер; 2. Журналист; 3. Актриса; 4. Пилот; 5. Футболист; 6. Музыкант; 7. Доктор; 8. Капитан; 9. Студент; 10. Фотщграф; 11. Турист; 12. Поэт; 13. Модель.

Exercise 2:
2. Да, я актриса; 3. Да, это Иван; 4. Да, он футболитс; 5. Да, она доктор; 6. Да, он модель.

Exercise 4:
2. Это мужчина. Это Витор. Он повар; 3. Это женщина. Это Анна. Она полицейский;
4. Это мужчина. Это Артур. Он артист; 5. Это мужчина. Это Борис. Он строитель;
6. Это женщина. Это Ирина. Она директор.

Lesson 4:

Exercise 2:
2. Это мяч; 3. Это кит; 4. Это кепка; 5. Это мороженное; 6. Это рыба.

Exercise 3:
Он: год, журнал, урок, телефон, мяч, корабль, компьютер, карандаш, город, папа, сын, брат, дедушка;
Она: рыба, мышь, кепка, водка, бумага, туча, ручка, кровать, улица, страна, бабушка, внучка, дочь, сестра, мама;
Оно: пиво, фото, окно, метро, одеяло.

Lesson 5:

Exercise 1:
1. Я слушаю, ты слушаешь, он/она слушает, мы слушаем, вы слушаете, они слушают;
2. Я говорю, ты говоришь, он/она говорит, мы говорим, вы говорите, они говорят;
3. Я смотрю, ты смотришь, он/она смотрит, мы смотрим, вы смотрите, они смотрят;

4. Я знаю, ты знаешь, он/она знает, мы знаем, вы знаете, они знают;

5. Я люблю, ты любишь, он/она любит, мы любим, вы любите, они любят.

Exercise 2:

1. Я вижу, ты видишь, он/она видит, мы видим, вы видите, они видят;

2. Я делаю, ты делаешь, он/она делает, мы делаем, вы делаете, они делают;

3. Я пою, ты поёшь, он/она поёт, мы поём, вы поёте, они поют;

4. Я ем, ты ешь, он/она ест, мы едим, вы едитк, они едят;

5. Я пью, ты пьёшь, он/она пьёт, мы пьём, вы пьёте, они пьют;

6. Я плыву, ты плывёшь, он/она плывёт, мы плывём, вы плывёте, они плывут.

Exercise 3:

1. Они учат; я учу; он учит; мы учим; вы учите; ты учишь;

2. Я молчу, они молчат, мы молчим; вы молчите; ты молчишь; он/она молчит;

3. Вы знаете; они знают; я знаю; ты знаешь; он/она знает; мы знаем.

Exercise 4:

1. Он прыгает; 2. Они пробуют; 3. Я летаю; 4. Ты правишь; 5. Мы водим; 6. Вы говорите;

7. Я звоню; 8. Они болтают; 9. Она падает; 10. Мы думаем.

Exercise 5:

1. Сидеть; 2. Уходить; 3. Показывать; 4. Бежать; 5. Говорить; 6. Приносить.

Lesson 6:

Exercise 1:

1. Я, мой, моя, моё, мои; 2. Ты, твой, твоя, твоё, твои; 3. Он, его, его, его, его; 4. Она, её, её, её, её;

5. Оно, его, его, его, его; 6. Мы, наш, наша, наше, наши; 7. Вы, ваш, ваша, ваше, ваши;

8. Они, их, их, их, их.

Exercise 2:

1. Это моя книга; 2. Это мой дом; 3. Это мой кот; 4. Это моё окно; 5. Это моя яхта; 6. Это моя пицца;

7. Это мой вагон; 8. Это моя машина.

1. Это твоя мама; 2. Это твой компьютер; 3. Это твоё метро; 4. Это твой свитер.

Exercise 3:

1. Это наша машина; 2. Это наша команда; 3. Это наши люди; 4. Это наш шкаф; 5. Это наш город;

6. Это наше метро;

1. Это ваши мячи; 2. Это ваши руки; 3. Это ваша земля; 4. Это ваш кот; 5. Это ваши деньги

6. Это ваша страна.

Exercise 4:

1. Это я. Это мой стул. Это моя машина. Это мои ключи. Это моё право.

2. Это ты. Это твой стол. Это твои книги. Это твоё пальто. Это твоя дверь.

3. Это он. Это его деньги. Это его друг. Это его работа. Это его солнце.

3. Это она. Это её подруга. Это её папа. Это её платье. Это её очки.

4. Это мы. Это наше слово. Это наш род. Это наши джинсы. Это наша дочь.

5. Это вы. Это ваше вино. Это ваша кухня. Это ваше дерево. Это ваш пол.

6. Это они. Это их кофе. Это их чашка. Это их часы. Это их пост.

Lesson 7:

Exercise 1:
1. Стол - столы; 2. Трава - травы; 3. Кровать - кровати; 4. Мышь - мыши; 5. Земля - земли; 6. Топор - топоры; 7. Окно - окна; 8. Дача - дачи; 9. Муха - мухи; 10. Сон - сны; 11. Дорога - дороги; 12. Дерево - деревья; 13. Куст - кусты; 14. Холст - холсты; 15. Кот - коты; 16. Собака - собаки; 17. Лампа - лампы; 18. Озеро - озёра; 19. Хлеб - хлеба; 20. Нож - ножи; 21. Жук - ; 22. Плот - плоты; 23. Ложка - ложки; 24. Вино - вина; 25. Дождь - дожди; 26. Рыба - рыбы; 27. Зверь - звери; 28. Лопата - лопаты; 29. Поезд - поезда; 30. Цвет - цвета; 31. Шкаф - шкафы; 32. Мяч - мячи; 33. Машина - машины; 34. Суд - суды; 35. Отель - отели; 36. Деньга - деньги; 37. Носок - носки; 38. Пятно - пятна; 39. Соус - соусы; 40. Блюдо - блюда.

Exercise 2:
1. Яйцо - Яйца; 2. Кошка - Кошки; 3. Корова - Коровы; 4. Ручка - Ручки; 5. Нога - ноги; 6. Рука - Руки; 7. Торт - Торты; 8. Студент - Студенты; 9. Майка - Майки; 10. Книга - Книги; 11. Солдат - Солдаты; 12. Танк -Танки; 13. Птица - Птицы; 14. Океан - Океаны; 15. Страница - Страницы; 16. Лист - Листы; 17. Война - Войны; 18. Подушка - Подушки; 19. Гамбургер - Гамбургеры; 20. Программа - Программы.

Exercise 3:
2. Это звери? Да, это звери; 3. Это гамбургеры? Да, это гамбургеры; 4. Это тучи? Да, это тучи; 5. Это окна? Да, это окна; 6. Это церкви? Да, это церкви; 7. Это собаки? Да, это собаки; 8. Это города? Да, это города; 9. Это океаны? Да, это океаны; 10. Это моря? Да, это моря.

Exercise 4:
2. Это кофе? Нет, это лимоны; 3. Это ноты? Да, это ноты; 4. Это фрукты? Нет, это розы; 5. Это дома? Нет, это томаты; 6. Это вина? Да, это вина.

Lesson 8:

Exercise 1:
1. Что это? Это книга; 2. Где машина? Машина тут; 3. Почему он молчит? Потому что он мим; 4. Кто она? Она певица.

Exercise 3:
1. Кто это? Это мой друг; 2. Кто он? Он доктор; 3. Чья эта машина? Она моя; 4. Ты видишь? Да, я вижу; 5. Он ест или пьёт? Он пьёт; 6. Что он делает? Он отдыхает; 7. Какое у тебя хобби? Музыка; 8. Это машина? Да, это машина; 9. Кто это? Это Кирилл; 10. Где мои очки? Они там.

Lesson 9:

Exercise 1:
1. Маленькая девочка; 2. Красивая девушка; 3. Проклятый старый дом; 4. Добрые люди; 5. Зелёное окно; 6. Красный свет; 7. Мягкая подушка; 8. Плохие примеры; 9. Утренняя звезда; 10. Зелёная книга; 11. Умный ребёнок; 12. Отличные тапочки; 13. Интересное видео; 14. Раннее утро; 15. Старые штаны; 16. Вечернее платье; 17. Добрый человек; 18. Золотое кольцо; 19. Драгоценный камень; 20. Серебрянный меч.

Exercise 2:

2. Красивый цветок, красивая статуя, красивая картина, красивое метро, красивое пальто; 3. Синий галстук, синее платье, синяя шляпа, синяя книга; 4. Мягкая подушка, мягкий свитер, мягкая игрушка, мягкий носок;. 5. Весёлый мальчик, весёлая собака, весёлый котёнок, весёлая девушка.

Exercise 3:

2. Это жёлтая машина; 3. Это старый дом; 4. Это яркое солнце; 5. Это отличная картина; 6. Это вкусная пицца; 7. Это волшебная лампа; 8. Это западный район; 9. Это быстрая лошадь; 10. Это утренний чай.

Exercise 4:

2. Это её красные платья; 3. Это твои новые ручки; 4. Это ваши последние слова; 5. Это наши прекрасные зстраны; 6. Это её старые друзья; 7. Это мои интересные проекты; 8. Это наши хорошие собаки; 9. Это мои чёрные куртки; 10. Это её дорогие украшения.

Lesson 10:

Exercise 1:

1. Я читаю газету; 2. Лена слушает песню; 3. Дети слушют)сказку; 4. Класс читает учебник; 5. Я слушаю речь; 6. Люди читают журналы; 7. Ты читаешь письмо?; 8. Вы слушаете меня?; 9. Вы читаете новости?; 10. Ты читаешь вывеску; 11. Она хорошо слушает; 12. Мы читаем роман.

Exercise 2:

1. Я жарю курицу; 2. Аня смотрит видео; 3. Бабушка жарит блины; 4. Дети смотрят кино; 5. Ты жаришь яйца?; 6. Обычно это не жарят; 7. Я такое не смотрю; 8. Вы жарите грибы?; 9. Вы смотрите телевизор?; 10. Смотри куда идёшь!; 11. Она жарит на масле; 12. Мы смотрим пьесу.

Exercise 3:

1. Я рву бумагу; 2. Паша рвёт фотографии; 3. Ребёнок рвёт книгу; 4. Дети ждут обед; 5. Она рвёт мечет; 6. Вы ждёте автобус?; 7. Собаки рвут диван; 8. Ты ждёшь продолжения?; 9. Вы рвёте письмо?; 10. Мы ждём поезд; 11. Маша ждёт принца; 12. Мы рвём договор.

Exercise 4:

1. Я пробую пиццу; 2. Вы пробуете встать; 3. Мыж уём жвачку; 4. Ты жуёшь?; 5. Маша пробует воду; 6. Вы жуёте устриц? 7. Собака что-то жуёт; 8. Ты пробуешь не дышать?; 9. Мы жуём вместе!; 10. Люди пробуют разные методы; 11. Ира жуёт кору; 12. Я жую еду.

Exercise 5:

1. Он атаковал в игре World of Warcraft; 2. Я читаю каждый день; 3. Мы учимся в универститете; 4. Это фанаты. Они болеют за Спартак; 5. Красные розы хорошо пахнут; 6. Он готовит очень вкусный хлеб; 7. Марина делает красивый макияж; 8. Животные греются у огня; 9. Зачем мы в кафе идём?; 10. Студент читает комикс; 11. Часто он теряет документы; 12. Я гуляю в парке каждый вечер; 13. Марина живёт в Америке; 14. Синяя машина едет быстро; 15. Доктор работает в поликлинике.

Lesson 12:

Exercise 1:

2. Нет, это комикс; 3. Нет, это сумка; 4. Нет, это дверь; 5. Нет, это стол; 6. Нет, это кран.

Exercise 2:

1. Я не читаю; ты не читаешь; он/она/оно не читает; мы не читаем; вы не читаете; они не читают.
2. Я не пишу; ты не пишешь; он/она/оно не пишет; мы не пишем; вы не пишете; они не пишут.

Exercise 3:

1. Это не наша машина; это не наша роза; это не наши люди; это не наш шкаф; это не наш город; это наше метро.
2. Это не ваши свечи; это не ваши счета; это не ваша земля; это не ваш кот; это не ваши деньги; это не ваша страна.
3. Это не твои дома; это не твои брюки; это не твоё солнце; это не твой пёс; это не твоя земля; это не твой диван.

Exercise 4:

2. Это птица? Нет, это не птица; 3. Это еда? Нет, это не еда; 4. Это Эмма? Нет, это не Эмма; 5. Это музыкант? Нет, это не музыкант; 6. Это солнце? Нет, это не солнце; 7. Это облако? Нет, это не облако; 8. Это собака? Нет, это не собака; 9. Это кошка? Нет, это не кошка; 10. Это зоопарк? Нет, это не зоопарк; 11. Это краска? Нет, это не краска; 12. Это фотография? Нет, это не фотография; 13. Это кофе? Нет, это не кофе; 14. Это зверь? Нет, это не зверь.   .

Lesson 13 and 14:

Exercise 1:

Declension 1: Собака, туча, река, паутина, земля, воля, волна, вода;
Declension 2: Метро, слово, окно, море, зерно, солнце, полотенце, кот, стол, вещь, , паук, жук, блин, ручей, песок, огонь;
Declension 3: Мышь, горечь, пельмень, история, лекция, молния.

Exercise 2:

2. Это конь. Где рыцарь? Он на коне; 3. Это ковёр? Где кот? Он на ковре; 4. Это доска. Где хлеб? Он на доске; 5. Это стол. Где ваза? Она на столе. Где цветок? Он в вазе; 5. Это полка. Где книги? Они на полке.

Exercise 3:

2. Где рюкзак? На скамейке; 3. Где живёт заяц? В лесу; 4. Где платье? В шкафу; 5. Где ключи? На столе; 6. Почему ты сидишьна земле?; 7. Где деньги? В банке; 8. Где кот? На улице; 9. Где птицы? На деревьях; 10. Где рыба? В воде; 11. Где одежда? На стуле; 12. Где сын? В школе.

Exercise 4:

Я сижу на диване и мечтаю как поеду в отпуск. Мой чемодан еще с прошлого раза ждёт меня в шкафу. Я представил как сижу в самолёте и лечу на какой-нибудь необитаемый остров. Я бы купался весь день в море, в жил бы в палатке, катался бы на корабле. Я тут же посмотрел сколько денег у меня на карте. И понял, что могу отдыхать только на кухне.

Exercise 5:

2. Картина висит на стене; 3. Рыба плавает в воде; 4. Собака гуляет на улице; 5. Птицы летают в небе; 6. Снег лежит на земле; 7. Солнце светит в небе; 8. Пилот летит в самолёте; 9. Он сидит в кресле; 10. Она играет на гитаре; 11. Письма лежат в ящике; 12. Ребенок прыгает на батуте; 13. Он излагает это на бумаге; 14. Они рисуют на стене.

Lesson 15:

Exercise 1:

1. Я говорю о работе; 2. Макс пишет о проблеме; 3. Мой брат думает о фильме; 4. Эта книга о жизни; 5. Твой друг знает о машине?; 6. Они мечтают о доме; 7. Роман рассказывает о Человеке-Пауке; 8. Девушка поёт о красоте; 9. Студент спрашивает о книге; 10. Профессор не читает о ситуации.

Exercise 2:

1. О машине; 2. Об университете; 3. О городе; 4. Об институте; 6. Об окне; 7. О доме; 8. Об учителе; 9. О погоде; 10. Об искусстве; 11. О яблоке; 12. О друге; 13. О книге; 14. Об Австралии; 15. Об Италии.

Exercise 3:

1. Я – обо мне; 2. Ты – о тебе ; 3. Он – о нём; 4. Она – о ней; 5. Оно – о нём; 6. Они – о них; 7. Мы – о нас; 8. Вы – о вас; 9. Слон -о слоне ; 10. Тетрадь - о тетради; 11. Свеча -о свече ; 12. Лампа - о лампе; 13. Отдых - об отдыхе; 14. Земля - о земле; 15. Деньги - о счёте; 16. Дождь - о дожде.

Exercise 4:

1. О шляпе; 2. О духах; 3. О цветке; 4. О сумке; 5. О торте; 6. О мороженном; 7. О пончике; 8. О коте; 9. О пауке; 10. О письме; 11. Об ананасе; 12. О бабочке; 13. О банане; 14. О пицце.

Lesson 16:

Exercise 1:

2. У меня есть ручка; 3. У меня есть книга; 4. У меня есть сумка; 5. У меня есть линейка; 6. У меня есть глобус.

Exercise 2:

1. У меня есть - я; 2. У тебя есть - ты; 3. У него есть - он; 4. У неё есть - она; 5. У него есть - оно; 6. У нас есть - мы; 7. У вас есть - вы; 8. У них есть - они.

Exercise 3:

2. У тебя есть машина?; 3. У неё есть платье?; 4. У него есть вход?; 5. У нас/вас есть учитель?; 6. У нас/вас есть совесть?; 7. У них есть деньги?; 8. У тебя есть дом?; 9. У неё есть ключи?; 10. У него есть друг?; 11. У него есть вода?; 12. У вас/нас есть земля?; 13. У тебя есть гараж?

Exercise 4:

2. Нет, мы не хотим есть; 3. Нет, они не хотят работать; 4. Нет, она не хочет отдыхать; 5. Нет, я не хочу пить; 6. Нет, я не хочу играть; 7. Нет, мы не хотим бегать; 8. Нет, он не читать; 9. Нет, они не хотят купаться; 10. Нет, мы не хотим гулять.

Exercise 5:

2. Да, у меня есть работа; 3. Да, у меня есть кофе; 4. Да, у меня есть миллион; 5. Да, у меня есть учебник; 6. Да, у меня есть мёд; 7. Да, у меня есть карта; 8. Да, у меня есть уши.

Lesson 17:

Exercise 1:

2.Высокий - низкий; 3. Скучный - весёлый; 4. Холодный - тёплый; 5. Злой - добрый; 6. Широкий - узкий; 7. Красивый - уродливый; 8. Яркий - тусклый; 9. Сильный - слабый; 10. Быстрый - медленный; 11. Дорогой - дешёвый; 12. Короткий - длинный.

Exercise 2:

Мокрый - мокро; сложный - сложно; лёгкий - легко; высокий - высоко; толстый - толсто; вкусный - вкусно; простой - просто; низкий - низко; весёлый - весело.

Exercise 3:

2. Это быстрая машина. Она едет быстро; 3. Это будет сложно. Сложное задание; 4. Будет весело! Это весёлая игра; 5. Какой дорогой стол! Слишком дорого; 6. Как высоко висит яблоко. Высокая яблоня; 7. Рыба плавает глубоко. Это глубокое озеро; 8. Какой вкусный суп. Он вкусно пахнет; 9. Это точно? Да, это самый точный прибор; 10. Как ярко! Очень яркое солнце; 11. Очень холодная зима. На улице так холодно; 12. Это просто! Самый простой способ.

Lesson 18:

Текст 1.
Это кот Владимир. Он космонавт. Владимир смелый и сильный. Он летает на ракете. Его ракета быстрая и красивая. Ракета сейчас в космосе.

Текст 2.
Сегодня учительница Дарья не хочет работать. Она голодная. Дарья очень хочет есть. Она часто думает о еде. Дарья любит есть.

Текст 3.
Гарри Поттер учится в Хогвартсе. Он плохой ученик. Гарри медленно читает и пишет. Он всегда спит на уроке.

Lesson 19:

Exercise 1:

2. Я слушаю музыку, плеер, оперу, рэп, речь, радио, лектора, певицу; 3. Я смотрю телевизор, видео, кино, программу, картины, передачу; 4. Я вижу дом, замок, небо, землю, лошадь, солнце, тучу, сон, слона; 5. Я читаю книгу, журнал, газету, брошюру, записку, письмо, плакат; 6. Я делаю видео, урок, задание, обзор, кровать, еду, суп, корзину.

Exercise 2:

1. Читать книгу; 2. Смотреть телевизор; 3. Делать задание; 4. Слушать музыку; 5. Видеть причину; 6. Есть пиццу; 7. Пить кофе; 8. Пинать мяч; 9. Изучать математику; 10. Готовить суп.

Exercise 3:

2. Ты водишь машину; 3. Ты читаешь книгу; 4. Мы пьём квас; 5. Вы смотрите фильм; 6. Она готовит борщ; 7. Они толкают автобус; 8. Он режет хлеб; 9. Он знает тайну; 10. Они ищут клад; 11. Он сажает капусту; 12. Ты делаешь шкаф?; 13. Они поют песни; 14. Вы слушаете оперу?

Exercise 4:

2. Мама носит платье; 3. Бабушка готовит еду; 4. Поэт пишет стихи; 5. Сын учит уроки; 6. Дима собирает диван; 7. Учёный изучает медицину 8. Он слушает поп-музыку; 9. Маша покупает продукты; 10. Она знает русский язык.

Lesson 20:

Exercise 1:

1. Я работал, ты работал/ты работала, он работал, она работала, оно работало, мы работали, вы работали, они работали;
2. Я говорил/а, ты говорил/ты говорила, он говорил, она говорила, оно говорило, мы говорили, вы говорили, они говорили.

Exercise 2:

1. Я/он/ты - слушал; оно слушало; ты/она слушала; мы/вы/они слушали;
2. Я/он/ты - болтал; оно болтало; ты/она болтала; мы/вы/они болтали;
3. Я/он/ты - смотрел; оно смотрело; ты/она смотрела; мы/вы/они смотрели;
4. Я/он/ты - толкал; оно толкало; ты/она толкала; мы/вы/они толкали;
5. Я/он/ты - видел; оно видело; ты/она видела; мы/вы/они видели;
6. Я/он/ты - сидел; оно сидело; ты/она сидела; мы/вы/они сидели.

Exercise 3:

1. Вчера я не работал; 2. Она вчера мне не звонила; 3. Раньше ты любил этот фильм; 4. Вы читали это письмо?; 5. Он не смотрел этот фильм; 6. Странно, оно вчера работало; 7. Ты раньше слушал эту группу?; 8. Они ломали забор, когда я проходил; 9. Вы это видели?; 10. Я ходил в парк.

Exercise 4:

Говорить — говорил ; думать — думал; ходить — ходил; читать — читал; прыгать — прыгал; работать — работал; брать — брал; играть — играл; гулять — гулял; смотреть — смотрел; любить — любил; знать — знал; быть — был; делать — делал.

Dear students, thank you very much for learning with me! I hope this little workbook has been a good start in your long journey of learning the Russian language.

If you are looking for more lessons, please, check out my **free online resourses:**

 http://realrussianclub.com

 @realrussianclub

 /realrussianclub

Email: daria@realrussianclub.com

If you have a minute, please, leave a review on this book on Amazon.

It would help me sooooo much! Thank you in advance!

Use this link – https://amzn.to/3kFTRrT or scan this QR-code with your camera:

Made in United States
Orlando, FL
12 February 2023